R 17928

1742

Marc-Aurèle - (Dacier, André)

Réflexions morales... distribuées par ordre de matières

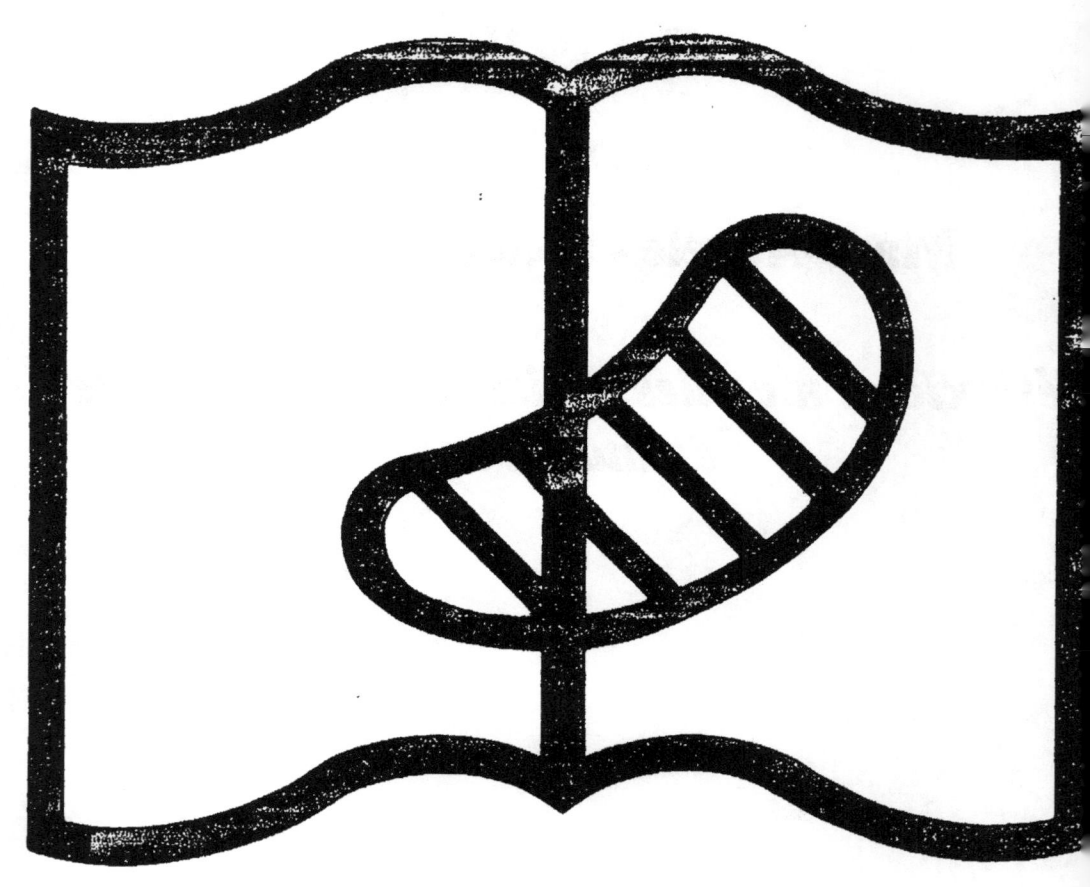

Symbole applicable
pour tout, ou partie
des documents microfilmés

Original illisible

NF Z 43-120-10

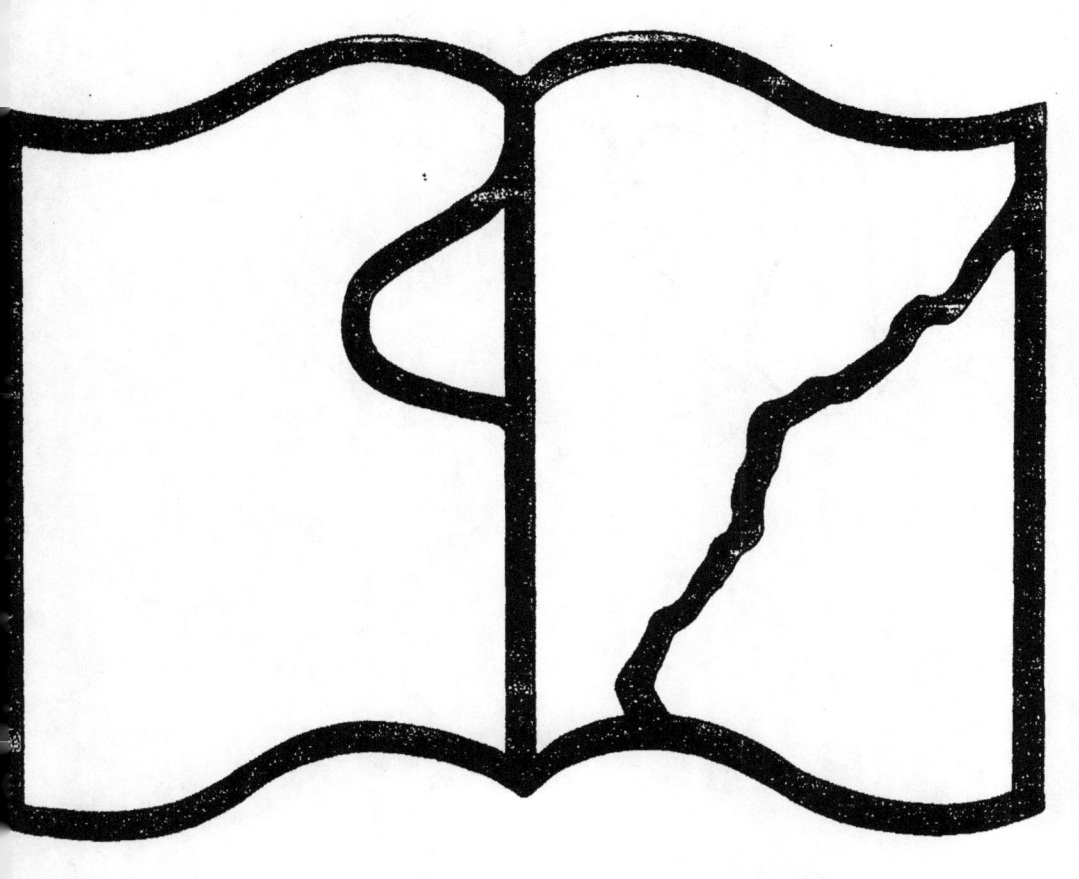

**Symbole applicable
pour tout, ou partie
des documents microfilmés**

Texte détérioré — reliure défectueuse

NF Z 43-120-11

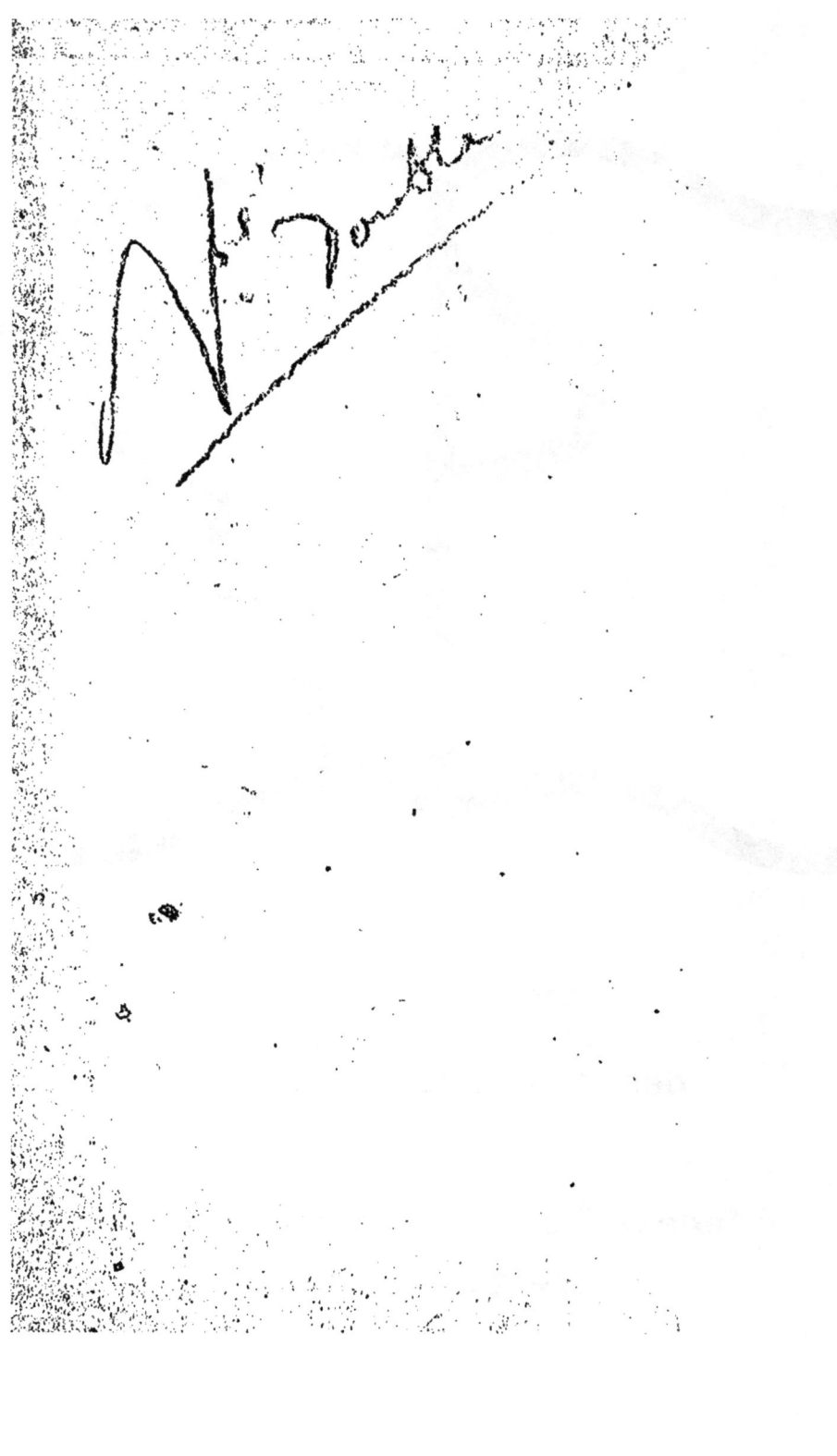

R 2688
A

1798

REFLEXIONS
DE L'EMPEREUR
MARC-AURELE
ANTONIN,
Surnommé
LE PHILOSOPHE.

REFLEXIONS
DE L'EMPEREUR
MARC-AURELE
ANTONIN,
SURNOMMÉ
LE PHILOSOPHE.

Diſtribuées par ordre de Matieres, avec quelques Remarques qui ſervent à l'éclairciſſement du Texte.

A PARIS, AU PALAIS,

Chez DENULLY, Grand'Salle, du côté de la Cour des Aydes, à l'Ecu de France & à la Palme.

───────────────

M. D. CC. XLII.

Avec Approbation & Privilege du Roy.

AU LECTEUR.

IL paroît que Marc-Aurele n'avoit pas eu deſſein de faire un Livre. Il écrivoit ces Réflexions à meſure qu'elles ſe preſentoient, tantôt, comme il le dit lui-même, dans ſon Camp au Païs des Quades (a), tantôt à Carnunte (b) *ou ailleurs au milieu du tumulte des armes, & pendant les courts intervalles*

(*a*) Dans la Moravie.
(*b*) En deça de Presbourg en Hongrie auprès du Confluent de la Morave & du Danube.

a

que lui laissoient les embarras infinis du plus vaste Empire qu'il y ait eu au Monde. Ainsi la lecture que l'on fait de ces especes d'Entretiens de Marc-Aurele avec lui-même, n'est qu'un passage continuel d'une matiere à une autre, ce qui fatigue l'esprit, & confond les idées, loin de former une agréable varieté.

On a donc pensé qu'il seroit mieux d'y mettre quelque ordre, en rassemblant sous plusieurs titres les differentes réflexions qui ont du rapport entr'elles. C'est ce que Marc-Aurele auroit sans doute fait lui-même, s'il s'étoit proposé de donner au Public ses réflexions.

Après tout, l'ordre original des articles est indifférent dès que dans le dessein de leur Auteur ils n'ont eu d'autre arrangement que celui du hasard, & des tems de leur composition. Il suffit que le texte se trouve religieusement conservé sans alteration, & qu'au fond une nouvelle disposition des articles soit plus utile & plus agréable.

Or il est certain que l'assemblage, & la répétition même, des vûës & des sentimens de Marc-Aurele sur une seule matiere, la rendent plus lumineuse & plus touchante. On y découvre beaucoup mieux le fond de l'ame & des idées de ce Prince-Philosophe. D'ailleurs chacun aura par ce moyen la commodité de pouvoir lire uniquement & de suite, le genre de réflexions qui se trouvera être le plus convenable à sa situation presente, à ses besoins, ou à son goût.

Au Lecteur.

Ces avantages ont paru devoir l'emporter sur toute autre consideration. Il n'est rien de plus conforme au génie de Marc-Aurele, que de faire tout ceder à l'interêt de la vertu & de la societé.

Celui qui s'est dérobé quelques jours d'un tems destiné au repos des affaires, pour former ce nouvel arrangement d'un Livre dont il fait ses délices, avouë de bonne foi, qu'il n'a cherché qu'à satisfaire son goût & celui de ses amis. C'est uniquement pour eux & pour lui qu'il a recherché la commodité des exemplaires imprimez, dont il ne sera tiré qu'un petit nombre : Mais comme l'impression donnera quelque publicité à son petit travail, il s'est cru obligé d'en expliquer les motifs, pour la satisfaction de ceux

Au Lecteur.

à qui le hasard ou la curiosité l'auront fait parvenir.

Par cette même raison il joindra ici un Abregé historique du Regne de l'Empereur Marc-Aurele. Ceux qui ne sont pas bien instruits de l'Histoire Romaine pourroient se figurer que l'Auteur de ces Réflexions n'a été qu'un Philosophe spéculatif & indolent qui a dû mal remplir son devoir de Prince. Il faut prévenir une si fausse idée. L'interêt de la verité le demande, & il est important de conserver aux maximes de vertu pratiquées, de l'aveu de tous les Auteurs contemporains, par Marc-Aurele, l'éclat & la force qu'elles tirent de l'exemple d'un si grand Prince.

ABREGÉ HISTORIQUE

DU

REGNE DE L'EMPEREUR

MARC-AURELE ANTONIN,

Surnommé *LE PHILOSOPHE*.

IL fut élevé à l'Empire, l'an de Jesus-Christ 161, à l'âge d'environ quarante ans. Il s'associa *Lucius Verus* son frere. En même-tems les *Parthes* surprirent l'Armée Romaine qui étoit en Armenie, la taillerent en pieces, & entrerent dans la Syrie, dont ils chasserent le Gouverneur. Les *Cattes* porterent dans la Germanie & dans la Rhetie le fer & le feu, & les *Bretons* commencerent à se revolter.

Marc-Aurele ne jugeant pas à propos de quitter Rome dans un commencement de Regne, laissa aller *Verus* contre les Parthes, envoya *Calpurnius Agricola* contre les Bretons, & *Aufidius Victorinus* contre les Cattes. Ces guerres durerent plusieurs années, & furent terminées avec succès, pendant que Marc-Aurele attentif à toutes les parties du Gouvernement, en réformoit les abus, & regloit toutes choses de la maniere la plus solide.

En l'année 166, les deux Empereurs triompherent suivant la coutume ; mais le retour des Romains dans l'Empire y porta une peste generale, qui fut accompagnée de famine, de tremblemens de terre, d'inondations ; & pour comble de maux, les *Germains*, les *Sarmates*, les *Quades* & les *Marcomans* voulant profiter de la consternation de tout l'Empire, pénetrerent jusqu'en Italie.

Marc-Aurele marcha contre eux & les repoussa.

L'année suivante les mêmes Nations recommencerent leurs hostilitez. Marc-Aurele accompagné de son Collegue, alla contre ces opiniâtres Ennemis ; il entra même dans leur Païs,

AU LECTEUR.

& ce fut dans son Camp au Païs des *Quades* auprès du *Granua* qu'il commença d'écrire ses réflexions, comme il le dit lui-même à la fin du premier Livre. Les deux Empereurs donnerent plusieurs batailles, & firent de si grands efforts, qu'ils obligerent enfin les Nations liguées à demander la paix.

Verus, Prince plus porté à ses plaisirs qu'aux fatigues de la guerre, étoit d'avis de leur accorder leur demande. *Marc-Aurele* s'y opposa, connoissant mieux que son frere le génie des Barbares. Il les poursuivit malgré la rigueur de l'Hiver, les battit en plusieurs rencontres, & les dissipa entierement.

Au Lecteur.

Verus mourut en revenant à Rome, & laissa *Marc-Aurele* seul Maître de l'Empire en l'année 169.

Avant que l'année du deüil de *Verus* fût finie, *Marc-Aurele* retourna contre les *Marcomans*, les *Quades*, & autres Peuples liguez, qui revenoient en plus grand nombre & plus formidables qu'auparavant. L'Empereur eut du desavantage dans les premiers combats, mais il défit enfin ces Barbares de telle maniere qu'ils furent obligez d'abandonner la Pannonie.

Pendant qu'il étoit occupé à cette guerre, les Maures ravageoient l'Espagne; & les Bergers d'Egypte (espece de Bandits attroupez) avoient battu

Au Lecteur.

plusieurs fois les Romains. L'Empereur y donna ordre sans quitter le Nord, où il affoiblit si considerablement ses Ennemis par une continuelle suite de victoires, qu'il les réduisit à recevoir toutes les conditions qu'il voulut leur imposer.

Ensuite il revint à Rome où il continua de faire plusieurs Loix très-sages, pour les bonnes mœurs, l'ordre public, la sureté & le bonheur des Peuples.

Cependant les *Marcomans*, qui ne s'étoient soumis que pour écarter le Vainqueur, attirerent à leur parti tous les Peuples qui habitoient depuis l'Illyrie jusqu'au fond des Gaules. Ils reprirent promptement les armes.

AU LECTEUR.

L'Armée Romaine étoit affoiblie par tant de combats; la peste continuoit à dépeupler l'Empire, & le tréfor étoit épuifé. Dans cette extrêmité, l'Empereur fut obligé de faire enroller les Gladiateurs, les bandits de Dalmatie & de Dardanie, & les Efclaves, ce qui n'avoit point été pratiqué depuis la feconde guerre Punique. Il vendit les meubles & les pierreries de l'Empire, qui lui produifirent un fond confiderable. Il fe rendit à Carnunte, & paffa le Danube à la tête de fes troupes fur un pont de batteaux. C'eft à *Carnunte* qu'il écrivit le fecond Livre de ces Réflexions.

Cette expedition de l'année

170 & des suivantes fut plus longue & plus difficile que les autres. L'Empereur cherchant lui-même un gué le long d'une riviere, les Frondeurs des Ennemis lui lancerent une si grande quantité de pierres, que sa vie fut en très-grand danger. Il passa cependant la riviere, fondit sur les Ennemis, & en fit un grand carnage.

Ces Barbares étoient des gens de cœur qui se battoient de pied ferme, & ne fuyoient que pour faire tomber les Romains dans quelqu'embuscade. Une de ces fuites apparentes mit un jour l'Armée Romaine, trop ardente à les suivre, dans un très-grand péril. Toutes les victoires étoient disputées & très-sanglantes. Marc-Aurele en remporta plusieurs, en avançant toujours dans le Païs. Il passa plusieurs rivieres, défit les *Sarmates* & les *Jazygiens*, & cependant ce ne fut point encore assez pour finir une si cruelle guerre.

Malgré la rigueur de la saison *Marc-Aurele* s'avança jusqu'à un canton où les Barbares avoient assemblé leurs plus grandes forces, & retiré tous leurs effets. La bataille se donna auprès du Danube, & en partie sur ce fleuve même qui étoit gelé. Marc-Aurele après des efforts incroyables, demeura vainqueur; il mit toutes ses

Au Lecteur.

troupes en quartier d'Hiver, & se retira à Sirmium (a).

Le Printems ne fut pas plutôt revenu que l'Empereur se remit en campagne, repassa le Danube, battit plusieurs fois les Ennemis, & les obligea enfin à se remettre à sa discretion. Il retira des mains des Sarmates un très-grand nombre de Prisonniers qu'ils avoient faits sur les Romains, Il reçut leurs ôtages, & leur imposa des conditions proportionnées à la superiorité qu'il avoit acquise sur eux. Mais un évenement imprévu & plus terrible que toutes ces

---

(a) En Sclavonie auprès de la Save à quinze lieuës environ en-deça de Belgrade.

guerres, l'obligea d'adoucir les conditions de cette paix.

En l'année 175, *Cassius* qui commandoit en Orient, ayant profité du faux bruit de la mort de *Marc-Aurele*, où l'ayant fait courir, s'étoit fait proclamer Empereur. Il avoit soumis toute la Syrie, & travailloit à débaucher la Grece. Mais son Armée ayant appris que Marc-Aurele étoit vivant, Cassius fut tué après trois mois de revolte. On porta sa tête à l'Empereur dans le tems qu'il étoit à *Formies* (a), prêt à s'embarquer pour passer dans la Grece.

―――――

(*a*) Ancienne Ville d'Italie près de Gaëte, & qui ne subsiste plus.

Il ne laiſſa pas de partir, jugeant ſa preſence néceſſaire pour achever d'appaiſer la revolte. Il commença par l'Egypte; il vint en Syrie, où il fit brûler toutes les lettres & les papiers de Caſſius, ſans les vouloir lire. Enſuite il vint en Grece.

Après avoir rétabli le calme dans toutes ces grandes Provinces, & ordonné qu'à l'avenir nul n'auroit le commandement de la Province où il ſeroit né, il revint enfin à Rome dont il étoit abſent depuis près de huit ans. Il diſtribua à tout le Peuple huit pieces d'or par tête, leur fit remiſe de tout ce qu'ils devoient au Tréſor public; il donna de magnifiques Spectab cles, & fit élever des Statuës aux vaillans Hommes qui l'avoient le mieux servi dans la derniere guerre : Mais la paix ne dura que deux ans.

Les Scythes ayant repris les armes avec d'autres Peuples du Nord, Marc-Aurele marcha contr'eux avec son fils *Commode*. Le premier combat fut si opiniâtre, qu'il dura depuis le matin jusqu'au soir. Les autres combats furent encore trèssanglans. Les victoires des Romains ne furent dûës qu'à la prudence de leur Empereur, & à l'exemple qu'il donnoit à ses troupes, en marchant toujours à leur tête dans les lieux les plus exposez.

Pendant l'Hiver il fit construire des forteresses pour tenir le Païs en bride. Mais dans le tems qu'il se disposoit à ouvrir une nouvelle campagne, il fut attaqué (*à Vienne en Autriche*) en l'année 179, d'une fiévre maligne qui l'emporta en peu de jours à l'âge de cinquante-neuf ans presqu'accomplis, après avoir regné dix ans seul, & neuf ans avec son frere Verus.

C'est donc au milieu de ces expeditions militaires, & de toutes les autres occupations d'un Regne très-agité, que Marc-Aurele faisoit & mettoit par écrit les Réflexions qu'on va lire. Ce ne sont point des idées, ni des spéculations d'un Solitaire oisif, simplement oc-

cupé de lui-même, & qui manquant d'occasions pour pratiquer la plûpart des vertus, n'en peut parler que pour les autres. Ce sont au-contraire les principes secrets & certains de toutes les actions d'un Empereur & d'un Guerrier qui a cherché dans sa raison les moyens de faire lui-même son bonheur & celui de ses Peuples. Il réduisoit ses passions en ne donnant à chaque objet que sa juste valeur; & il trouvoit un interêt propre bien entendu, à observer très-exactement le contrat de la societé.

Ainsi la pratique & l'exemple de Marc-Aurele donnent à ses vertueuses maximes une force de persuasion que tous les Livres de simples Particuliers ne sçauroient avoir.

Au Lecteur.

On a suivi partout la traduction de Monsieur & Madame Dacier, à fort peu de chose près, & l'on a marqué avec exactitude le Livre d'où chaque article a été tiré.

TABLE
DES CHAPITRES
Contenus dans ce Volume.

CHAP. I. *Il se rappelle les leçons de vertu qu'il a reçues de ses parens & de ses Maîtres,* page 1

CHAP. II. *Il rend graces aux Dieux de leurs bienfaits, & leur rapporte ses vertus,* 16

CHAP. III. *Idées de Dieu,* 21

CHAP. IV. *Sur la Providence,* 25

CHAP. V. *Sur les Prieres,* 37

CHAP. VI. *Ordre, union, & beauté du grand Tout,* 39

CHAP. VII. *Raison universelle, & raison humaine,* 49

CHAP. VIII. *La vraie Philosophie,* 54

CHAP. IX. *Regles de discernement,* 64

DES CHAPITRES. xxiij

CHAP. X. *Objets dignes de notre estime,* 72

CHAP. XI. *Sur les veritables biens,* 80

CHAP. XII. *Faire usage de sa raison,* 86

CHAP. XIII. *Indépendance de la partie superieure de l'ame par rapport aux passions & à la douleur,* 92

CHAP. XIV. *Sur les pensées & les mouvemens de l'ame,* 99

CHAP. XV. *Devoïrs,* 110

CHAP. XVI. *Défauts à éviter,* 121

CHAP. XVII. *Sur la volupté & la colere,* 127

CHAP. XVIII. *Contre la vaine gloire,* 130

CHAP. XIX. *Sentimens humbles & moderez,* 138

CHAP. XX. *Contre la paresse,* 144

CHAP. XXI. *Contre le respect humain,* 146

CHAP. XXII. *Des obstacles à faire le bien,* 150

CHAP. XXIII. *Sur les troubles interieurs,* 158

Chap. XXIV. *Encouragemens à la vertu,* 171
Chap. XXV. *Regles de conduite,* 193
Chap. XXVI. *Sur les Spectacles de théatre,* 204
Chap. XXVII. *Supporter les hommes,* 207
Chap. XXVIII. *Sur les offenses qu'on reçoit,* 215
Chap. XXIX. *Pardonner à ses ennemis, & les aimer,* 222
Chap. XXX. *Etre content de tout ce qui arrive,* 224
Chap. XXXI. *Sur la felicité,* 231
Chap. XXXII. *L'homme vertueux,* 243
Chap. XXXIII. *Du recueillement,* 253
Chap. XXXIV. *Se détacher,* 261
Chap. XXXV. *Sur la mort,* 276
Chap. XXXVI. *Recapitulation des principales maximes,* 309

RÉFLEXIONS

REFLEXIONS
DE L'EMPEREUR
MARC-AURELE ANTONIN,
Surnommé LE PHILOSOPHE.

CHAPITRE PREMIER.

Il se rappelle les leçons de vertu qu'il a reçuës de ses parens & de ses Maîtres.

I. 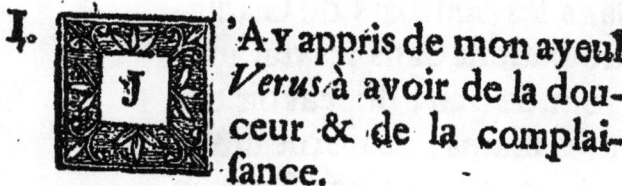'Ay appris de mon ayeul *Verus* à avoir de la douceur & de la complaisance.

II. La réputation que mon pere a

A

laissée après lui, & la mémoire que l'on a conservée de ses actions, m'ont enseigné à être modeste & à n'avoir rien d'efféminé.

III. Ma mere m'a formé à la pieté; elle m'a enseigné à être liberal, & non-seulement à ne faire jamais de mal à personne, mais à n'en avoir pas même la pensée. De plus, elle m'a accoutumé à la frugalité & à fuir le luxe des Riches.

IV. Mon bisayeul m'a enseigné à n'aller point aux Ecoles publiques; à avoir chez moi les plus habiles Maîtres, & à connoître qu'en ces sortes de choses on ne sçauroit jamais trop dépenser.

V. J'ai l'obligation à mon Gouverneur de ne pas favoriser plus un parti que l'autre dans les courses de charriots, ni dans les combats de Gladiateurs; d'être patient dans les travaux; d'avoir besoin de peu; de sçavoir travailler de mes mains; de ne me mêler point des affaires des autres, & de ne donner nul accès aux Délateurs.

VI. *Diognetus* m'a appris à ne m'amuser point à des choses vaines & frivoles; à ne point ajouter foi aux Charlatans & aux Enchanteurs, & à ne rien croire de tout ce qu'on dit des conjurations des Démons, & de tous les autres sortileges de cette nature. Il m'a fait voir que je ne devois point nourrir de Cailles (*a*), ni être attaché à ces sortes de divertissemens & de superstitions. J'ai appris de lui à souffrir qu'on parle de moi avec une entiere liberté, & à m'appliquer entierement à la Philosophie. C'est lui qui est cause que j'ai eu pour Maîtres, premierement *Bacchius*, ensuite *Tandasis*, & après cela *Mecianus*; que je me suis accoutumé à écrire des Dialogues dès mon enfance, à n'avoir pour me coucher qu'un petit bois de lit couvert d'une peau, & à imiter en tout la maniere des Philosophes Grecs.

***

(*a*) Les Romains nourrissoient des Cailles pour les faire combattre ensemble; & pour juger de l'avenir par le succès de ces combats.

Leçons de vertu de ses parens

VII. *Rusticus* m'a fait voir, que j'avois besoin de corriger mes mœurs, & d'en prendre soin ; que je devois éviter l'orgüeil des Sophistes ; ne point écrire sur les Sciences ; ne point faire de harangues pour le plaisir ; ne pas chercher à faire admirer au Peuple ma patience & l'austerité de ma vie ; n'étudier ni la Rhétorique, ni la Poëtique, & ne pas m'attacher à l'élegance du discours ; n'être point en robe dans ma maison (*a*), & ne rien faire qui sentît le faste ; écrire mes lettres d'un stile simple, & tel que celui de la lettre qu'il écrivit à ma mere, lorsqu'il étoit à *Sinuesse* ; être toujours prêt à pardonner à ceux qui m'auroient offensé, & à les recevoir toutes les fois qu'ils voudroient revenir à moi ; lire avec attention ; ne pas me contenter d'entendre superficielle-

_____

(*a*) C'étoit une marque d'orgüeil de porter chez soi la robe qu'on portoit en public. Les Gens sages étoient chez eux en simple tunique. Voyez ci-après le n. XVI. vers la fin.

ment les choses, & à ne pas croire facilement les grands Parleurs. Enfin je lui ai obligation de m'avoir fait connoître les Commentaires d'*Epictete*, dont il me fit present.

VIII. J'ai appris d'*Appollonius* à être libre & ferme dans mes desseins ; à ne suivre jamais que la raison, même dans la plus petite chose ; à être toujours égal dans les douleurs les plus aiguës, dans la perte des enfans, & dans les plus longues maladies. J'ai connu par son exemple qu'on peut être en même-tems severe & doux ; il m'a fait voir qu'il ne faut avoir ni chagrin ni emportement, & que la moindre de toutes les vertus, c'est la science, & la facilité que l'on a à la communiquer. Enfin j'ai appris de lui de quelle maniere il faut recevoir les bienfaits de ses amis, sans ingratitude & sans bassesse.

IX. *Sextus* m'a enseigné par son exemple à être doux ; à gouverner ma maison en bon pere de famille ; à avoir une gravité simple, sans affectation; à vivre conformément à la nature; à tâcher de deviner & de prévenir les souhaits & les besoins de mes amis; à souffrir les ignorans & les présomptueux, qui parlent sans penser à ce qu'ils disent, & à m'accommoder à la portée de tout le monde; ce qu'il pratiquoit si heureusement que, quoiqu'il eût dans le commerce plus de douceur & de complaisance que les flateurs mêmes, il ne laissoit pas de conserver de l'autorité, & de s'attirer le respect qui lui étoit dû. Personne n'a jamais été plus propre que lui à trouver & à ranger méthodiquement les préceptes nécessaires pour la conduite de la vie : Il n'a jamais donné la moindre marque de colere, ni d'aucune autre passion; cependant au milieu de cette espece d'insensibilité qu'il avoit contractée, il ne laissoit pas d'être capable d'amitié. Il jouissoit d'une fort grande réputation sans la moindre vanité, & il possedoit une science universelle sans aucune ostentation.

X. J'ai appris d'*Alexandre le Grammairien* à ne dire point d'injures dans la dispute, & à ne reprocher ni un barbarisme, ni un solecisme, ni aucune autre faute contre la Langue; mais à proposer adroitement la question comme elle doit être proposée, en faisant semblant de répondre, ou d'appuyer ce qu'on a dit, ou de vouloir aider à rechercher la verité de la chose, sans se mettre en peine des mots, ou enfin par quelqu'autre maniere d'avertissement indirect, mais qui n'ait rien de rude.

XI. *Fronton* m'a fait connoître que les Rois sont environnez d'Envieux, de Fourbes & d'Hypocrites, & que ceux qu'on appelle *les Nobles* sont sans affection.

XII. *Alexandre le Platonicien* m'a appris qu'on ne doit jamais, sans la derniere nécessité, dire ni écrire à personne, *je n'ai pas le tems de faire telle ou telle chose*; ni alleguer les affaires dont on est accablé pour s'empêcher de rendre à tout le monde

8 *Leçons de vertu de ses parens*
tous les bons offices que le lien de la Société exige de nous.

XIII. *Catulus* m'a appris que nous ne devons jamais mépriser les plaintes de nos amis, quelqu'injustes qu'elles puissent être ; mais qu'au-contraire il faut tâcher par toute sorte de voyes, de guerir leurs soupçons, & de regagner leur confiance ; qu'il faut toujours dire du bien de ses Précepteurs, comme faisoient *Domitius* & *Athenodotus*, & aimer veritablement ses enfans.

XIV. Je dois aux enseignemens de mon frere *Severus* l'amour que j'ai pour mes parens, pour la verité & pour la justice. C'est lui qui m'a fait connoître *Thrasea*, *Helvidius*, *Caton*, *Dion* & *Brutus*, & qui m'a donné l'envie de gouverner mon Etat avec des Loix toujours égales pour tout le monde, & de regner de maniere que mes Sujets ayent une entiere liberté. C'est de lui que j'ai appris à avoir pour la Philosophie un fidele attachement ; sans que rien m'en puisse jamais détourner; à être bien-faisant & liberal; à avoir toujours de l'esperance; à ne soupçonner jamais que mes amis puissent manquer d'amitié pour moi; à ne leur cacher en aucune rencontre le sujet qu'ils pourroient me donner de me plaindre d'eux, & à faire ensorte qu'ils n'ayent jamais la moindre peine à deviner mes sentimens sur ce qui m'est agréable ou desagréable. Enfin c'est lui qui m'a appris par son exemple à être sincere & naturel.

XV. *Maximus* m'a fait voir qu'il faut être maître de soi-même, & ne se laisser jamais emporter à ses passions; conserver du courage dans les maladies, & dans tous les accidens de la vie les plus fâcheux; avoir les mœurs aisées & mêlées de douceur & de gravité; expedier ses affaires sans se plaindre & sans être chagrin. Il étoit d'une probité si reconnuë que, quoiqu'il dît, on étoit persuadé que c'étoient ses veritables sentimens, & quoiqu'il fît, que c'étoit sans aucun mauvais dessein. Il n'admiroit jamais rien; il n'étoit surpris ni étonné de rien; il agissoit sans précipitation & sans lenteur; on ne voyoit jamais sur son visage aucune marque d'irrésolution, d'abattement, de chagrin, de colere, ou de défiance. Il aimoit à faire du bien & à pardonner; il haïssoit le mensonge, & il avoit un naturel si heureux, & un esprit si droit & si juste, qu'on voyoit bien que ces rares qualitez étoient plûtôt en lui des presens de la nature, que des fruits de l'étude & du travail. Jamais il n'a donné lieu de soupçonner qu'il méprisât quelqu'un, ou qu'il s'estimât plus que les autres. Enfin il aimoit la raillerie, mais c'étoit une raillerie qui n'avoit rien de bas ni de piquant.

XVI. La vie de mon pere a toujours été pour moi une leçon continuelle de clemence, & de fermeté inébranlable dans les desseins qu'il avoit formez après une mure déliberation. Il étoit insensible à la vaine gloire qui accompagne *ce qu'on ap-*

pelle ordinairement les honneurs; il aimoit le travail assidu; il étoit toujours prêt à écouter favorablement ceux qui avoient à proposer quelque chose qui pouvoit être utile à l'Etat; aucune consideration ne pouvoit l'empêcher de traiter chacun selon son merite, & selon les qualitez qu'il reconnoissoit en lui. Il sçavoit user à propos de séverité & d'indulgence. Il avoit renoncé de bonne heure à l'amour. Il étoit modeste, civil & honnête. Il laissoit à ses amis la liberté de manger ou de ne point manger avec lui. Il n'exigeoit point d'eux qu'ils l'accompagnassent dans ses voyages, & ceux que la nécessité de leurs affaires avoit empêchez de le suivre, le retrouvoient toujours le même pour eux à son retour. Dans les Conseils il recherchoit avec un grand soin & une patience infinie ce qu'il falloit faire; & jamais, pour avoir plutôt fini, il ne se contentoit des premiers expediens qu'on lui proposoit. Il avoit une amitié toujours égale pour ses amis, dont il ne se lassoit jamais, & dont il n'étoit jamais entêté. En quelque état qu'il se trouvât il étoit toujours content, & paroissoit gai. Il prévoyoit de loin ce qui pouvoit arriver; & dans les choses de la plus petite conséquence, il donnoit les ordres nécessaires sans aucune ostentation. Il s'opposoit de tout son pouvoir aux acclamations du Peuple, & à toutes les autres marques de flaterie. Il conservoit avec soin ses revenus qui sont les nerfs de l'Empire, & il moderoit autant qu'il lui étoit possible ses dépenses ordinaires, sans se mettre en peine des plaintes & des reproches que cette exactitude lui attiroit. Il n'étoit point superstitieux dans le culte qu'il rendoit aux Dieux, & ne tâchoit point de gagner la faveur du Peuple par des presens, par des flatéries, & par des douceurs; mais il étoit moderé en tout, toujours ferme, toujours égal, & aussi attaché à toutes les bienséances, qu'ennemi déclaré de toutes les nouveautez. Pour les commoditez de la vie, qu'une grande fortune ne manque jamais de donner, il en jouissoit avec beaucoup de liberté & sans aucun faste; mais avec la même simplicité dont il sçavoit en jouir, il sçavoit aussi s'en passer. Il s'est toujours conduit de maniere que personne n'a jamais pû dire de lui qu'il fût un Sophiste, un diseur de bons mots, un homme qui sentît l'école; au-contraire il a toujours passé pour un homme sage, consommé dans les affaires, entierement éloigné des bassesses & de la flaterie, & très-capable non-seulement de se conduire, mais aussi de conduire les autres. Il honoroit les veritables Philosophes, & supportoit ceux qui ne l'étoient pas. Il étoit d'un commerce aisé & agreable, d'une conversation enjouée & plaisante qui ne fatiguoit jamais. Comme un homme qui n'étoit point attaché à la vie, il avoit un soin médiocre de sa personne, sans rechercher la bonne grace & sans la mépriser; ce qu'il avoit de plus en vûe, c'étoit de se mettre en état de n'avoir besoin que rarement de Medecins & de toutes leurs drogues. Il cedoit sans envie à ceux qui excelloient ou en éloquence, ou dans la connoissance de l'Histoire, de la Morale & des Loix, ou de quelqu'autre Science que ce pût être, & leur accordoit sa protection, afin qu'ils pussent acquerir la gloire qu'ils devoient attendre. En toutes choses il suivoit exactement les Coutumes de nos peres, & n'affectoit point de faire paroître que son but étoit de les imiter. Il n'étoit ni impatient ni inquiet, & il ne se lassoit jamais ni d'être dans un même lieu, ni de travailler long-tems à une même affaire. Dès que les violens maux de tête, ausquels il étoit fort sujet, étoient passez, il reprenoit tout aussitôt & avec une nouvelle vigueur, ses occupations ordinaires. Il avoit peu de secrets, & ceux qu'il avoit regardoient toujours l'Etat. Il faisoit paroître beaucoup de prudence & de modération dans les spectacles qu'il donnoit, dans tous les ouvrages publics, & dans les largesses qu'il faisoit au Peuple, & en toutes choses il regardoit plutôt à ce qu'il falloit faire qu'à la gloire qui lui en pouvoit revenir. Il ne se mettoit jamais dans le bain à une heure indûë. Il n'aimoit pas à bâtir. Il n'étoit ni délicat pour sa bouche, ni difficile pour ses habits, ni soigneux d'avoir de beaux esclaves. Les robes qu'il portoit ordinairement à sa maison de *Lorium*, étoient faites dans le Village prochain. A *Lanuvium* il n'avoit le plus souvent qu'une tunique, & quand il prenoit un manteau pour aller à *Tusculum*, il se croyoit obligé d'en faire des excuses: Voilà quelles étoient ses manieres. Il n'avoit rien de rude ni d'indécent, rien d'outré, rien enfin qui passât les bornes d'une juste modération; & tout ce qu'il faisoit, c'étoit avec tant de suite, tant d'ordre, tant de fermeté, & il y avoit un si grand rapport entre toutes ses actions, qu'il sembloit toujours qu'il avoit eu du tems pour s'y préparer,

On pourroit lui appliquer ce qu'on a dit de *Socrate*, qu'il sçavoit également se passer & jouir des choses, dont la plûpart des hommes ne peuvent ni se passer sans foiblesse, ni jouir sans emportement ; & il n'y a pas de plus grande marque d'une ame forte & invincible que de se posseder dans l'un & dans l'autre de ces états. Il fit paroître encore une constance merveilleuse dans la maladie de *Maximus*.

CHAPITRE II.

Il rend graces aux Dieux de leurs bienfaits, & leur rapporte ses vertus.

I. JE dois remercier les Dieux de m'avoir donné de bons ayeux, un bon pere, une bonne mere, une bonne sœur, de bons Précepteurs, de bons domestiques, de bons amis, & tout ce qu'on peut souhaiter de bon ; de m'avoir fait la grace de ne
rien

rien faire qui ait pû les desobliger;
quoique je me sois trouvé quelquefois en de certaines dispositions, où
quelque chose de semblable auroit
bien pû m'échaper si l'occasion s'en
fût presentée ; mais par un bienfait
tout particulier des Dieux, il ne s'est
jamais offert aucune de ces occasions
qui auroient pû me faire tomber dans
ce malheur.

II. Je leur ai encore obligation de
ce que je n'ai pas été élevé plus longtems auprès de la concubine de mon
ayeul, & de ce que j'ai preservé ma
jeunesse de toutes sortes de taches.
C'est par un effet de leur bonté que
j'ai eu pour pere un Prince qui seul
auroit pû me guerir de toute sorte
d'orgueïl, & me faire connoître qu'un
Empereur peut vivre de maniere qu'il
n'aura besoin ni de Gardes, ni d'habits
d'or & de pourpre, ni d'avoir la nuit
dans son Palais de ces flambeaux qui
sont soutenus par des statuës, ni toutes les autres choses qui marquent le
faste; mais qu'il peut être habillé sim-

B

plement, & vivre en tout comme un particulier, fans pourtant manquer ni de vigueur, ni de courage pour fe faire obéir dans les chofes où le bien de l'Etat demande qu'il fe ferve de fon pouvoir; que j'aye eu un frere dont les grandes qualitez & les bonnes mœurs pouvoient me donner une noble émulation, & qui ne manquoit pour moi ni de refpect ni de tendreffe, & des enfans de corps & d'efprit bien fait.

III. Je dois encore rendre graces aux Dieux de n'avoir pas permis que j'aye fait un plus grand progrès dans la Rhétorique, dans la Poëtique, & dans toutes les autres Sciences de cette nature, qui m'auroient peut-être retenu par leurs charmes, fi j'y avois mieux réuffi; de ce que j'ai élevé de bonne heure ceux qui ont eû foin de mon éducation, aux dignitez & aux emplois qu'ils m'ont paru fouhaiter, & de ce que fous prétexte qu'ils étoient jeunes, je ne les ai pas renvoyez, en les flatant de l'efperance que je les avancerois dans un autre tems ; enfin de ce que j'ai connu *Appollonius, Rusticus* & *Maximus*.

IV. C'est par une grace toute particuliere de ces mêmes Dieux que je me suis souvent appliqué à connoître veritablement quelle est la vie la plus conforme à la nature ; de sorte qu'il n'a pas tenu à eux, à leurs inspirations, à leurs conseils, que je ne l'aye suivie, & si je ne puis encore vivre selon ces regles, c'est ma faute ; cela vient de ce que je n'ai pas obéi à leurs avertissemens, ou plutôt, si je l'ose dire, à leurs ordres & à leurs préceptes : Qu'un corps aussi foible & aussi valetudinaire que le mien a pû resister à toutes les fatigues que j'ai essuyées : Que je n'ai point eu de commerce avec *Benedicte*, ni avec *Theodotus*, & que j'ai été gueri de bonne heure de toutes les amours qui avoient surpris mon cœur : Qu'ayant été souvent en colere contre *Rusticus*, je n'ai rien fait dont je pusse me repentir dans la suite : Que ma mere ayant à mourir fort jeune, a pourtant passé ses dernieres années avec moi : Que toutes les fois que j'ai voulu assister quelque Pauvre, ou d'autres Gens qui avoient besoin de mon secours, on ne m'a jamais répondu que je n'avois point de fonds pour le faire : Que je ne suis jamais tombé dans la nécessité de recevoir ce même secours des autres : Que j'ai une femme douce & complaisante, pleine de tendresse pour moi, & d'une merveilleuse simplicité de mœurs : Que j'ai trouvé des Précepteurs habiles pour mes enfans.

V. Une grande marque encore du soin des Dieux pour moi, c'est que dans mes songes ils m'ont enseigné des remedes pour mes maux, & particulierement pour mes vertiges & pour mon crachement de sang, comme cela m'arriva à *Gayete* & à *Crisse* : Qu'ayant une très-grande passion pour la Philosophie, je ne suis tombé entre les mains d'aucun Sophiste ; que je ne me suis point amusé à lire leurs Livres, ni à démêler les vaines sub-

Idées de Dieu. CH. III.

tilitez de leurs raisonnemens, ni à vouloir pénetrer dans la connoissance des choses celestes.

VI. Tous les avantages dont je viens de parler, ne peuvent venir que des Dieux & de la fortune. (a) *Du Liv. I. n. xvij.*

Ceci a été écrit dans le Camp au Païs des Quades, auprès du Granua.

CHAPITRE III.

Idées de Dieu.

I. SI l'intelligence nous est commune à tous, la raison qui nous rend animaux raisonnables l'est aussi. Si la raison l'est, la raison qui ordonne ce qu'il faut faire & ce qu'il faut évi-

---

(a) Marc-Aurele dit au Liv. 2, n. 3, que *ce que l'on impute au hasard ou à la fortune, se fait ou par la nature, ou par la liaison & l'enchaînemens des causes que la Providence regit.*

ter, l'est encore. Cela étant, la Loi est commune. La Loi étant commune, nous sommes donc Concitoyens. Si nous sommes Concitoyens, nous vivons donc sous une même Police, & par conséquent le Monde est une Ville. Hé, sous quelle autre Police que sous celle du Monde pourroit-on croire que tous les hommes fussent generalement réunis! Mais cette intelligence raisonnable & soumise à une même Loi, d'où nous vient-elle? Est-ce de cette grande Ville, ou d'ailleurs? Car, comme tout ce que j'ai de terrestre vient d'une certaine terre; que ce que j'ai d'humide vient d'un autre certain élement; que ce que j'ai de spirituel vient de l'air; & que ce que j'ai de feu vient d'une source particuliere, rien ne pouvant être fait de rien, ni se réduire à rien, *il faut de même que cette intelligence vienne* de quelque endroit. *Du Liv. iiij. n. iiij.*

II. Quand la femme a conçu, d'autres choses viennent achever & former l'enfant. Quel merveilleux effet d'une telle cause! Dès que cet enfant est formé, il avale de la nourriture, & derechef d'autres causes viennent concourir à lui donner le sentiment & le mouvement, en un mot, la vie, la force & toutes les autres qualitez. Combien y a-t-il là de merveilles! Ce sont ces secrets de la nature qu'il faut méditer. Il faut tâcher de voir *la vertu qui opere toutes ces choses*, comme on voit celle qui pousse les corps en bas & en haut; non pas veritablement avec les yeux, mais aussi clairement. *Du Liv. x. n. xxxj.*

III. Toutes choses sont liées entr'elles d'un *nœud sacré*, & il n'y a presque rien qui soit étranger l'un à l'autre: Car tout est ordonné & arrangé ensemble, & contribuë à orner ce Monde; & il n'y a qu'un Monde qui comprend tout; QU'UN DIEU QUI EST PARTOUT; qu'une matiere; qu'une raison commune à tous les animaux raisonnables; qu'une verité, & qu'une perfection pour tous les animaux de même espece, & qui participent à la même raison. *Du Liv. vij. n. x.*

IV. Desormais il ne faut pas seulement respirer l'air qui t'environne ; il faut aussi respirer *cet Esprit divin qui gouverne tout, qui remplit tout* : Car cette vertu intelligente n'est pas moins répanduë, & ne se presente pas moins à celui qui sçait l'attirer, que l'air à celui qui a la respiration libre. *Du Liv. viij. n. lviij.*

V. La cause premiere de toutes choses est un torrent qui entraîne tout & ne s'arrête jamais. *Du Liv. ix. n. xxxi.*

VI. Quand les Libertins te demanderont où c'est que tu as vû les Dieux, & comment tu sçais qu'il y en a, que tu leur rendes un si grand culte ? Tu leur répondras, premierement, qu'ils sont visibles ; & que d'ailleurs, quoique tu ne voyes pas ton ame, tu ne laisses pas de la respecter : Qu'il en est de même des Dieux ; les effets merveilleux que tu ressens tous les jours de leur pouvoir te prouvent qu'ils sont & font que tu les adores. *Du Liv. xij. n. xxx.*

CHAPITRE

CHAPITRE IV.

Sur la Providence.

I. TOUT ce qui vient des Dieux porte les marques de leur *Providence*. Ce que l'on impute même au hasard & à la fortune, se fait, ou par la nature, ou par la liaison & l'enchaînement des causes que la *Providence* régit : Toutes choses prennent de-là leur cours. De plus, il y a une nécessité absoluë que tu ne sçaurois changer, & il en revient une utilité pour tout l'Univers, dont tu fais partie. Or ce qui est utile au Tout, & qui contribuë à sa conservation, est en mêmetems utile à chacune de ses parties; & l'Univers n'est pas moins conservé & entretenu par les divers changemens des êtres composez, que par les changemens des élemens. Que cela te suffise. Que ce soient-là tes maximes & tes regles. Mais défais-toi de cette

C

soif insatiable de Livres, afin que tu ne sortes pas de la vie en murmurant, mais avec une veritable joye, & en remerciant les Dieux de tout ton cœur. *Du Liv. ij. n. iij.*

II. La matiere de l'Univers est obéissante & souple, & l'*Esprit* qui la gouverne n'a en soi aucune cause qui le porte à mal faire, car il n'a nulle méchanceté : Aussi ne fait-il aucun mal, & rien n'est blessé par cet *Esprit*. Or c'est lui qui produit & qui consomme toutes choses. *Du Liv. vj. n. j.*

III. L'*Esprit* qui gouverne tout, sçait ce qu'il fait, & pourquoi il le fait. *Du Liv. vj. n. v.*

IV. Celui-là est gouverné & porté par l'esprit de *Dieu*, qui concourt avec *Dieu* à un même dessein, & qui regle ses volontez sur les siennes. *Du Liv. xij. n. xxv.*

V. Fais & pense chaque chose, comme pouvant sortir de la vie à chaque moment. S'il y a des Dieux, ce n'est pas une chose bien fâcheuse que de quitter le Monde, car ils ne te feront aucun mal; & s'il n'y en a point, ou qu'ils ne se mêlent pas des hommes, qu'ai-je à faire de vivre dans un Monde sans Providence & sans Dieux? Mais il y a des Dieux, & ils ont soin des hommes; & ils ont donné à chacun le pouvoir de s'empêcher de tomber dans de véritables maux; & si dans toutes les autres choses qui arrivent nécessairement, il y avoit aussi des maux qui fussent de ce nombre, les Dieux y auroient pourvû, & nous auroient donné les moyens de les éviter. Mais ce qui ne peut rendre l'homme pire qu'il n'est, comment pourroit il rendre la vie de l'homme plus malheureuse? Car si la nature avoit souffert ce desordre, ce seroit donc, ou parce qu'elle l'auroit ignoré, ou parce que l'ayant connu, elle n'auroit pû ni le corriger, ni le prévenir. Or il est absurde de penser que *la nature qui gouverne le Monde* ait fait, ou par ignorance, ou par impuissance, une si lourde faute, que de permettre que les biens & les maux arrivent indifferemment & sans distinction aux méchans & aux bons, la mort & la vie, l'honneur & le deshonneur, la douleur & le plaisir, la pauvreté & les richesses. Toutes ces choses, n'étant par elles-mêmes ni honteuses ni honnêtes, arrivent également aux bons & aux méchans : Elles ne peuvent donc être ni de veritables maux, ni de veritables biens. *Du Liv. ij. n. xj.*

VI. Si tu examines exactement toutes choses, tu trouveras que tout ce qui arrive, arrive justement ; je ne dis pas seulement, parce qu'il arrive en conséquence de certaines causes, mais parce qu'il arrive selon l'ordre de la veritable justice, & qu'il vient d'un *Estre superieur* qui distribuë à chacun ce qui lui est dû. Prens-y donc bien garde, comme tu as déja commencé ; & tout ce que tu fais, fais-le dans la vûë de te rendre homme de bien ; je dis homme de bien veritablement & proprement, & non pas selon le langage ordinaire des hommes. Souviens-toi de cela dans toutes tes actions. *Du Liv. iiij. n. x.*

VII. Comment est-il possible que les Dieux qui ont reglé & ordonné tout si sagement & avec tant d'amour pour l'homme, ayent pourtant fait cette faute, que certains hommes les plus gens de bien, qui ont eu un commerce plus étroit avec la Divinité, & qui ayant passé toute leur vie dans l'exercice des bonnes œuvres, des prieres & des sacrifices, ont été comme les amis de *Dieu*, lorsqu'ils sont une fois morts ne reviennent plus à la vie, mais soient éteints pour toujours ? Si cela est ainsi, tu dois être persuadé qu'il est bien, & que les Dieux l'auroient fait autrement, s'ils l'avoient jugé nécessaire : Car, s'il eût été juste, il auroit été aussi très-possible ; & s'il eût été selon la nature, la nature même l'auroit porté. Mais de ce que cela n'est pas, s'il est vrai qu'il ne soit pas, tu dois nécessairement conclure qu'il ne l'a pas fallu. Tu vois toi-même qu'en faisant cette recherche, tu disputes de tes droits avec *Dieu*, & tu lui en demandes une espece de compte : Or nous n'en userions pas ainsi, si *Dieu* n'étoit souverainement juste, & souverainement bon ; & puisqu'il a ces deux qualitez, il n'a donc rien oublié de ce qui étoit juste & raisonnable dans la disposition & dans l'arrangement du monde. *Du Liv. xij. n. v.*

VIII. O Univers ! Tout ce qui t'accommode, m'accommode ; tout ce qui est de saison pour toi, ne peut être pour moi, ni prématuré ni tardif. O Nature ! Tout ce que tes saisons m'apportent, je le trouve un fruit délicieux. Tout vient de toi ; tout est en toi ; & tout retourne en toi. Quelqu'un dit dans une Tragedie : *O chere Ville de Cecrops!* Et toi ne diras-tu point : *O chere Ville de Dieu!* *Du Liv. iiij. n. xxv.*

IX. Si l'on est étranger dans le Monde quand on ne sçait pas ce qui y est, on ne l'est pas moins quand on ignore ce qui y arrive. Celui qui refuse d'obéir à la raison universelle & politique, c'eſt-à-dire, à la *Providence*, eſt un eſclave fugitif. Celui qui a les yeux de l'eſprit bouchez, eſt aveugle. Celui-là eſt toujours pauvre qui n'a pas en lui-même tout ce qui lui eſt néceſſaire, & qui a beſoin du ſecours d'autrui. Tu fais un apoſtume & un abcès dans le Monde, quand tu te retires & te ſepares de la nature univerſelle; & tu t'en ſepares quand tu prens mal, & que tu reçois avec chagrin les accidens de la vie; car celle qui te les apporte eſt la même qui t'a porté. Enfin celui qui ſepare ſon ame de celles des autres Citoyens, leſquelles ne doivent faire avec la ſienne qu'une ſeule & même ame, celui-là, dis-je, eſt dans une grande Ville comme un membre inutile, & il rompt tous les liens de la ſocieté. *Du Liv. iiij. n. xxxv.*

X. Abandonne-toi volontairement à la Parque, & permets-lui de filer ta vie comme elle le voudra. *Du Liv. iiij. n. xxxvj.*

XI. Nous cherchons toutes ſortes de viandes & de breuvages, & nous exerçons toute l'adresse des plus habiles Cuisiniers pour nous empêcher de mourir & de passer la barque fatale : Mais quand le vent souffle, & que *Dieu* nous appelle, il faut partir, & il ne sert de rien de déplorer sa misere. *Du Liv. vij. n. liij.*

XII. Ce que la nature universelle porte à chaque particulier, c'est ce qui lui est utile, & il lui est utile dès le moment qu'elle le lui porte. *Du Liv. x. n. xxv.*

XIII. Chaque chose arrive selon la nature du *Tout*, & non pas selon aucune autre nature qui l'environne, ou qui soit renfermée au dedans, ou suspenduë au dehors. *Du Liv. vj. n. ix.*

XIV. *Si les Dieux n'ont soin ni de moi ni de mes enfans, cela même ne se fait pas sans raison.* (a). *Du Liv. vij. n. xliij.*

(a) C'est un passage de quelque Poëte tragique.

XV. Toutes les choses du monde ne font qu'un même cercle qui en roulant ramene les siécles, & fait monter ce qui étoit rampant, & descendre ce qui étoit élevé. Il faut donc ou que l'intelligence universelle agisse sur chaque chose, & cela étant, il n'y a qu'à recevoir ce qu'elle a déterminé; ou qu'elle ait donné une seule fois le mouvement par sa *Providence*, & que le reste arrive en conséquence de cette premiere impulsion, & ait toujours sa cause marquée; ou enfin ce sont les atomes & le hasard qui gouvernent tout. S'il y a un *Dieu*, tout va bien. Si tout dépend du hasard, n'en dépends-tu pas aussi? *Du Liv. ix. n. xxviij.*

XVI. Un homme modeste & bien instruit, dit à la nature qui donne tout & retire tout: *Donne-moi tout ce que tu voudras, & reprends tout ce qu'il te plaira*. Et il le dit, non pas avec une fierté insolente, mais d'une maniere qui lui marque son respect, son obéissance & son affection. *Du Liv. x. n. xviij.*

XVII. Si les Dieux ont consulté sur mon sujet, & sur ce qui doit m'arriver, je suis sûr qu'ils ont fait ce qu'il y avoit de mieux à faire; & il est impossible d'imaginer un *Dieu* sans *sagesse*. Or quelle raison auroient les Dieux de me faire du mal, & que leur en reviendroit-il, ou à cet univers dont ils ont tant de soin? Que s'ils n'ont pas consulté sur ce qui me regarde en particulier, ils ont consulté sur ce qui regarde le general: Je dois donc embrasser & recevoir avec joie tout ce qui m'arrive, puisqu'il ne m'arrive rien qui ne soit une suite de l'ordre qu'ils ont sagement établi. Que s'ils n'ont déliberé sur rien, ce qu'il est impie de croire, ne faisons ni vœux, ni sacrifices, ni sermens; en un mot, ne faisons rien de tout ce que nous pratiquons, comme vivant & conversant avec les Dieux & les ayant toujours presens. Retranchons-nous à consulter chacun pour soi-même, car cela est permis. Cette consultation ne peut être que sur l'utile. Or ce qui est utile à chacun, c'est ce qui est selon sa nature & sa condition : Ma nature est raisonnable & sociable ; j'ai une Ville & une Patrie ; comme *Antonin* j'ai Rome ; & comme homme j'ai le Monde : Ce qui est utile à ces Communautez est donc mon unique bien. *Du Liv. vj. n. xliv.*

XVIII. Tout ce qui arrive à chacun est utile à l'univers, & cela suffit. Mais on peut encore aller plus loin & ajouter, que si on prend bien garde à tout, on trouvera que ce qui est utile à un homme est utile à tous les autres hommes. Ce mot *utile* est ici dans un sens commun & general pour des choses qu'on appelle moïennes & indifferentes, c'est-à-dire, qui ne sont ni un bien ni un mal. *Du Liv. vj. n. xlv.*

XIX. *La nature universelle a construit & reglé le Monde.* Donc, ou tout ce qui se fait presentement est une suite de la Loi generale qu'elle a établie ; ou bien les créatures raisonnables sont les principaux objets des soins & de la *providence de cet Estre universel.* Si tu retiens bien cela, il n'y a rien qui puisse te procurer plus de tranquilité en toutes sortes de rencontrés. *Du Liv. vij. n. dernier.*

XX. Nous travaillons tous à un même ouvrage, les uns le sçachant, les autres sans le sçavoir; comme je pense qu'*Heraclyte* a dit que ceux qui dorment, aident & contribuent à ce qui se fait dans cet univers: Celui-ci travaille d'une maniere, & celui-là d'une autre: Mais celui qui se plaint, qui s'oppose à ce qui se fait, & qui tâche de le détruire, travaille doublement, & le Monde avoit besoin d'un tel Ouvrier. Voy donc avec quels Ouvriers tu veux te mettre; car *celui qui gouverne tout* te recevra où tu voudras, & se servira fort bien de toi. Mais prens bien garde de ne pas tenir parmi ces Ouvriers le même rang que tient dans une Comédie un vers ridicule, pour me servir de la comparaison de *Chrysippe. Du Liv. vj. n. xlij.*

CHAPITRE V,

Sur les Prieres.

I. LA priere des Atheniens étoit; *Jupiter, faites pleuvoir, je vous prie; faites pleuvoir sur les champs & sur les prez des Atheniens.* Ou il ne faut point prier du tout, ou il faut prier de cette maniere, simplement & liberalement. *Du Liv. v. n. vij.*

II. Ou les Dieux ne peuvent rien, ou ils peuvent quelque chose. S'ils ne peuvent rien, pourquoi les prie-tu? Et s'ils peuvent quelque chose, au lieu de les prier qu'un tel accident arrive ou n'arrive pas, pourquoi ne les pries-tu pas plutôt de te faire la grace de ne craindre rien, de ne désirer rien, de ne t'affliger de rien? Car si les Dieux peuvent aider les hommes, ils peuvent toujours les aider en cela. Tu me diras peut-être qu'ils ont mis tout cela en ton pouvoir. Ne

ferois-tu donc pas beaucoup mieux
de te servir avec une entiere liberté
de ce qui dépend uniquement de toi,
que de te tant tourmenter pour ce qui
n'en dépend point, & que de le défi-
rer avec servitude & avec bassesse?
Mais qui t'a dit que les Dieux ne nous
secourent pas dans les choses qui sont
en notre pouvoir? Commence seulement à faire de ces sortes de prieres
& tu verras. Celui-ci prie qu'il puisse
obtenir des faveurs de sa Maîtresse;
& toi prie de n'avoir jamais de pa-
reils désirs. Celui-là demande d'être
défait de telle chose; & toi demande
de n'avoir pas besoin d'en être défait.
Un autre que son fils ne meure point;
& toi prie de ne pas craindre qu'il
meure. En un mot, tourne ainsi toutes tes prieres & tu en verras le fruit.
Du Liv. ix. n. xliij.

CHAPITRE VI.

Ordre, union, & beauté du grand Tout.

I. LE Monde est ou un arrangement, ou une confusion & un desordre, & c'est pourtant toujours le Monde. Mais pourrois-tu t'imaginer qu'il y eût en toi un certain ordre & une certaine disposition, & qu'il n'y eût que desordre & que confusion dans cette vaste machine dont tu fais partie ? Surtout, puisque les choses les plus contraires y sont dans une entiere correspondance, & dans une parfaite union. *Du Liv. iiij. n. xxix.*

II. Il faut considerer que les choses qui arrivent fortuitement & nécessairement aux Estres que la nature produit, ont quelque chose d'agréable & de charmant, comme ces parties du pain qui dans le four s'entr'ouvrent & se séparent. Car ces mêmes parties que la force du feu a séparées & desunies contre le deſſein du Boulanger, ne laiſſent pas de donner quelque grace au pain & d'exciter à le manger. Tout de même les figues les plus mûres ſe rident & ſe fendent; & ce qui approche de la pourriture donne de la beauté aux olives qui commencent à mûrir. Les épics qui baiſſent la tête, la ferocité du lion, l'écume du ſanglier, & pluſieurs autres choſes ſemblables, ſi on les regarde ſéparément, n'ont rien qui approche de la beauté; Cependant, parce qu'elles accompagnent les Eſtres que la nature produit, elles leur donnent de l'agrément, & plaiſent aux yeux. Par la même raiſon, ſi quelqu'un a l'eſprit aſſez fort & aſſez profond pour contempler & connoître toutes les choſes qui arrivent dans cet univers, il n'en trouvera preſque pas une, non pas même de celles qui arrivent en conſéquence & à la ſuite des autres, qui n'ait ſes graces particulieres, & qui ne ſerve à relever *la beauté du Tout* dont elle fait partie. Ainſi il ne verra

verra pas avec moins de plaisir les bêtes feroces vivantes, qu'il les verroit dans les ouvrages des Statuaires & des Peintres. Il trouvera que les vieilles & les vieillards ont leur beauté aussi-bien que les jeunes gens, & il verra avec les mêmes yeux les uns & les autres; enfin il découvrira dans une infinité de semblables sujets, des beautez qui ne sont pas sensibles à tout le monde, mais seulement à ceux qui sont accoutumez à la nature & à ses ouvrages. *Du Liv. iij. n. ij.*

III. L'Asie & l'Europe ne sont que de petits coins du Monde; la mer entiere n'est qu'une goute de cet univers; le mont *Athos* n'est qu'une petite motte de terre; tout le tems present n'est qu'un point de l'éternité; toutes choses sont viles & méprisables; mais elles viennent de cette intelligence universelle, ou en sont des suites nécessaires. La gueule des lions, les poisons & tout ce qu'il y a de nuisible, sont, comme les épines & les bourbiers, les accompagnemens des

D

choses belles & bonnes. Ne t'imagine donc point qu'il y ait là rien de contraire à la *Divinité* que tu reveres, ni qui soit indigne d'elle; mais remonte à l'origine de toutes choses & considere-la bien. *Du Liv. vj n. xxxvj.*

IV. Le concombre est amer, n'en mange pas. Il y a des ronces dans le chemin; évite-les: cela suffit. Garde-toi bien de dire, *pourquoi cela est-il ainsi dans le Monde ?* Car tu serois la risée d'un Phisicien, comme tu le serois d'un Cordonnier & d'un Menuisier, si tu trouvois mauvais qu'ils eussent dans leur boutique les rognures & les sçieutes de leur travail. Cependant tous ces Ouvriers ont des endroits où ils peuvent jetter leur rebut, au lieu que la nature n'en a point, puisqu'il n'y a rien hors d'elle: Mais c'est ce qui fait tout ce qu'il y a de plus merveilleux & de plus surprenant dans son art, car la nature n'ayant d'autres bornes qu'elle-même, change & convertit en sa propre substance tout ce qui te paroît corrompu, vieilli

& inutile au-dedans d'elle, & s'en sert pour produire d'autres ouvrages nouveaux ; de sorte qu'elle n'a besoin ni de matiere étrangere, ni de lieu pour y jetter ses ordures. Elle trouve en elle-même, le lieu, la matiere & l'art. *Du Liv. viij. n. liij.*

V. C'est pour son utilité propre que la nature est forcée de faire ce qu'elle fait. *Du Liv. iiij. n. ix.*

VI. Toutes les choses qui arrivent dans le Monde sont toujours unies & liées avec ce qui les a précedées. Il n'en est pas comme des nombres qui sont toujours entiers, & qui ne dépendent que de la nécessité toute seule. Elles ont entr'elles une liaison raisonnable ; & comme dans tout ce qui est il y a un arrangement, & une union qui lie toutes ses parties, de même dans tout ce qui se fait, on ne trouve pas une succession simple & nuë, mais une liaison merveilleuse, & un admirable rapport. *Du Liv. iiij. n. xlvij.*

VII. Pense très-souvent à la liaison

& à la simpathie, que toutes les choses du Monde ont entr'elles: car elles sont toutes liées & entrelassées; & par cette raison elles ont une mutuelle affection les unes pour les autres, & celle-ci n'est qu'une suite de celle-là, à cause du mouvement local, de l'accord & de l'union de la matiere. *Du Liv. vj. n. xxxviij.*

VIII. L'esprit de cet univers est un esprit de societé. Il aime l'ordre & la raison: Il a donc fait les choses les moins parfaites pour les plus parfaites, & il a lié & ajusté les plus parfaites les unes avec les autres. Tu vois par-là qu'il a soumis & rangé chaque chose selon sa dignité, & qu'il a ajusté ensemble les plus excellentes, par les liens d'une union & d'une complaisance mutuelle & reciproque. *Du Liv. v. n. xxxj.*

IX. Tous les Estres qui ont quelque chose de commun entr'eux, tâchent de se joindre. Ce qui est de terre tend vers la terre; l'humide coule avec l'humide, & l'air avec l'air; de sorte que pour les tenir séparez, il faut leur faire violence. Le feu se porte en haut à cause du feu élementaire. Le feu d'ici bas est si prompt à s'embraser & à s'unir ensemble, que même tout ce qu'il y a de materiel & d'un peu sec s'enflame facilement, parce qu'il est moins mêlé avec ce qui pourroit l'empêcher de s'allumer. De même aussi tout ce qui participe à la nature intelligente & raisonnable, tend d'autant plus vers son origine, & est d'autant plus prompt à se mêler avec ce qui lui est naturel, qu'il est plus excellent & plus accompli. C'est de-là que parmi les animaux sans raison on voit des essaims, des troupeaux, de petites familles de poussins, & comme des amours; car déja ils sont animez, & ce principe d'assemblage & d'union est répandu dans les Estres les plus parfaits, & ne se trouve pas tant dans les plantes, dans les pierres & dans les bois. Parmi les animaux raisonnables, il y a des républiques, des amitiez, des maisons, des assemblées ; & au milieu même des plus grandes guerres, il y a des treves & des traitez de paix. Et dans les créatures encore plus parfaites, quoiqu'elles soient fort éloignées les unes des autres, on ne laisse pas d'y remarquer une maniere d'union, comme dans les astres: Tant ce degré éminent de perfection a eu de force pour communiquer une espece de simpathie à des Estres entierement séparez. Mais vois ce qui arrive presentement : Les créatures raisonnables sont les seules qui ont oublié cette affection reciproque, & cette mutuelle bienveillance, & où l'on ne trouve plus cette même pente & ce concours. Mais elles ont beau fuir ; elles sont toujours arrêtées. La nature est la plus forte, & si tu y prens bien garde, tu verras manifestement la verité de ce que je te dis. En effet, on trouveroit plutôt un corps terrestre entierement détaché de tout autre corps de même nature, qu'un homme desuni & séparé de tout autre homme. *Du Liv. ix. n. ix.*

X. Il n'y a qu'une même lumiere du soleil, quoiqu'elle soit divisée, séparée par des murailles, par des montagnes, & par mille autres choses. Il n'y a qu'une même matiere, quoiqu'elle soit divisée en des millions de corps séparez. Il n'y a qu'un seul & même esprit, quoiqu'il soit partagé en une infinité de natures differentes, & de differens individus. Il n'y a qu'une seule ame intelligente, quoiqu'elle semble être séparée & divisée en toutes les autres parties de tous ces Estres differens. La forme & la matiere insensible n'ont aucune liaison l'une avec l'autre; elles sont pourtant unies & liées par l'esprit de l'univers qui les assemble malgré elles : Mais l'ame intelligente a une inclination particuliere & propre pour sa semblable ; elle se joint à elle, & rien n'en peut empêcher l'union. *Du Liv. xij. n. xxxij.*

XI. Une même ame a été distribuée à tous les animaux sans raison, & un même esprit intelligent a été donné aux animaux raisonnables; comme toutes les choses terrestres n'ont qu'une même terre, & comme tout ce qui voit & qui respire ne voit que la même lumiere, & ne respire que le même air. *Du Liv. ix. n. viij.*

XII. Pense continuellement que le Monde est un animal composé d'une seule substance & d'une seule ame; & considere de quelle maniere tout se rapporte & se conforme à son seul sentiment, se meut & se regle par son mouvement seul; & comment toutes les choses qui subsistent sont ensemble la cause de celles qui se font; enfin quel est l'assemblage & l'union de toutes ses parties. *Du Liv. iiij. n. xlij.*

CHAPITRE VII.

Raison universelle, & raison humaine.

I. Honore ce qui est de plus excellent dans le Monde; c'est ce qui se sert de tout & qui gouverne tout. Honore aussi ce qui est de plus excellent en toi; il est de même nature que le premier : Car c'est ce qui se sert de toutes les parties dont tu es composé, & qui gouverne ta vie. *Du Liv. v. n. xxj.*

II. Il faut vivre avec les Dieux : Et celui-là vit avec les Dieux qui, en toutes occasions, leur fait voir son ame soumise à leurs ordres, & toujours prête à faire ce qu'ordonne le génie que Dieu a donné à chacun pour guide & pour gouverneur, & qui n'est qu'une partie de lui-même : Car ce génie n'est autre chose que l'entendement & la raison. *Du L. v. n. xxvij.*

III. Pourquoi des esprits ignorans & grossiers viennent-ils troubler une ame sçavante & polie ? Quelle est l'ame sçavante & polie ? Celle qui connoît le commencement & la fin des choses, & cette *raison divine*, qui pénétrant toute la matiere, gouverne cet univers durant tous les siécles par des periodes reglez. *Du Liv. v. n. xxxiij.*

IV. Fais aussi incessamment cette réflexion, que *la raison universelle*, avec laquelle nous avons le plus de commerce, & qui gouverne tout, c'est celle que nous combattons toujours opiniâtrement, & que les mêmes choses que nous voyons arriver tous les jours sont celles que nous trouvons les plus étranges. *Du Liv. iiij. n. l.*

V. Le Peuple n'admire presque que deux sortes de choses; ou celles qui ont une forme & une existence simple par la seule liaison de leurs parties, comme les pierres, le bois; ou celles qui ont une nature vivante &

& raison humaine. Ch. VII. 51
vegetative, comme le figuier, l'olivier, la vigne. Ceux qui sont un peu au-dessus du Peuple réduisent leur admiration aux choses purement animées, comme les haras, les troupeaux. Ceux qui sont plus polis & mieux instruits que ces derniers, n'admirent que ce qui a une ame raisonnable; non pas cette ame universelle, mais une ame mécanique & industrieuse; ou bien ils font consister simplement leur bonheur à avoir un grand nombre d'esclaves. Mais celui qui honore, comme il doit, cette *ame raisonnable, universelle & politique*, ne se soucie d'aucune de ces choses: il s'attache uniquement à entretenir son ame dans toutes les actions & tous les mouvemens raisonnables & utiles à la société, & à coopérer en tout avec cette *ame universelle*, dont il est lui-même une partie. *Du Liv. vj. n. xjv.*

VI. Dieu, l'homme & le monde portent des *fruits* chacun en son tems. Car, quoique l'usage ait consacré

E ij

cette expression à la vigne & aux plantes, cela n'empêche pas qu'on ne puisse s'en servir figurément. La raison porte aussi son *fruit*, qui est en même-tems propre pour elle, & commun pour tout le monde : Et de ce *fruit* il en naît encore d'autres, & ils sont tous de la même nature que la raison qui les produit. *Du Liv. ix. n. x.*

VII. L'ame est une sphere d'une rondeur parfaite : Pendant qu'elle ne s'étend & ne se relâche point en dehors, & qu'elle ne se resserre & ne s'enfonce point au dedans, elle reluit d'une lumiere qui lui fait découvrir la verité de toutes choses, & celle qui est en elle. *Du Liv. xj. n. xiij.*

VIII. Les proprietez de l'ame raisonnable sont, qu'elle se voit elle-même ; qu'elle se compose elle-même ; qu'elle se rend telle qu'elle veut ; qu'elle joüit des fruits qu'elle porte, au lieu que tout ce que portent les plantes & les animaux ne va qu'au profit des autres, & jamais au leur ;

qu'elle parvient toujours à sa fin entiere & parfaite, quelque bornée que soit sa vie; car il n'en est pas d'elle, comme de la danse, d'une comédie, ou d'autres choses semblables, dont on ne sçauroit retrancher la moindre chose, sans rendre l'action imparfaite & défectueuse. En quelqu'endroit qu'on la surprenne, au commencement, au milieu, à la fin, elle sçait que ce qui a paru est toujours une piece complette & finie, de sorte qu'elle peut toujours dire : *J'ai tout ce qui m'appartient.* De plus, l'ame parcourt tout cet univers ; elle se promene dans les espaces immenses qui l'environnent ; elle contemple sa figure; elle mesure en quelque maniere l'éternité ; elle pénetre & conçoit la regéneration periodique des choses: Et lisant ainsi dans l'avenir, elle voit clairement que ceux qui viendront après nous ne verront rien de nouveau, comme ceux qui nous ont précedez n'ont vû que ce que nous voyons. On peut dire même que par la raison de cette uniformité, un homme qui n'a vécu que quarante années, quelque peu d'esprit qu'il ait, il a vû tout ce qui a été avant lui, & tout ce qui sera après. Les autres proprietez de l'ame sont l'amour du prochain, la verité, la pudeur, & de n'estimer rien tant que soi-même, ce qui est aussi le propre de la Loi : Et de cette maniere la droite raison est la même que la raison de souveraine Justice. *Du Liv. xj. n. j.*

CHAPITRE VIII.

La vraie Philosophie.

I. Tout n'est qu'opinion : Cela est assez clairement prouvé par ce que *Monime* Philosophe Cynique en écrit dans ses Ouvrages. L'utilité de ce qu'il dit est assez sensible, si on n'en prend que ce qui est conforme à la verité. *Du Liv. ij. n. xv.*

II. Sur combien d'objets un Phisicien ne promene-t-il pas son imagination ? Combien de choses fait-il passer devant lui comme en revuë ? Mais il ne faut pas se contenter de connoître ; il faut agir & joindre la pratique à la théorie, si l'on veut bien faire son devoir, & conserver pur & entier en soi-même le plaisir que donne la connoissance des choses ; ce plaisir qui pour être secret, n'en est pourtant ni moins sensible, ni moins caché. *Du Liv. x. n. x.*

III. Tout le tems de la vie de l'homme n'est qu'un point. La matiere dont il est composé n'est qu'un changement continuel ; ses sens sont émoussez & incertains ; son corps n'est qu'une corruption ; l'esprit qui l'anime qu'un vent subtil ; sa fortune qu'une nuit obscure, & sa réputation qu'un fantôme. Pour tout dire, en un mot, ce qui est du corps a la rapidité d'un fleuve ; ce qui est de l'esprit est une fumée & un songe ; la vie un combat perpétuel, & un voyage dans une terre étrangere ; enfin la réputation dont l'homme se flatte après sa mort, n'est qu'un oubli. Qu'est-ce donc qui peut le conduire heureusement dans une route si difficile ? C'est la *Philosophie* seule. Cette *Philosophie* consiste à conserver son ame entiere & pure, toujours maîtresse de la volupté & de la douleur; à ne permettre jamais qu'elle fasse rien témérairement, qu'elle use de dissimulation, ni qu'elle s'éloigne de la verité, & à faire ensorte qu'elle soit toujours suffisante à elle-même, qu'elle n'ait jamais besoin qu'un autre fasse quelque chose, ou qu'il ne la fasse pas ; de plus, qu'elle reçoive tout ce qui lui arrive, comme venant du même lieu d'où elle est sortie; qu'elle attende toujours la mort avec un esprit tranquile, & comme sçachant bien que cette mort n'est autre chose que la dissolution des élemens, dont chaque animal est composé : Car s'il n'arrive jamais rien de fâcheux aux élemens mêmes qui souffrent ces changemens continuels,

& qui ne font que passer toujours de l'un à l'autre, pourquoi appréhenderoit-on la dissolution & le changement de tout le corps, puisque ce changement & cette dissolution sont selon la nature. Or tout ce qui est selon la nature ne peut être un mal. *Du Liv. ij. n. dernier.*

Ceci a été écrit à Carnunte.

IV. Celui-là sçait philosopher sans tunique, couvert d'un simple manteau ; celui-ci sçait philosopher sans livres. L'un demi nud dit, *je manque de pain & je ne laisse pas de philosopher ;* l'autre, *je manque de tous les secours que donnent les sciences, & avec cela je ne m'ennuye point de suivre la raison.* Aime donc la profession que tu as apprise, & n'en fais point d'autre. Du reste passe ta vie tranquilement, comme ayant remis de tout ton cœur entre les mains de Dieu tout ce qui te regarde, & ne sois ni l'esclave des hommes, ni leur tyran. *Du Liv. iiij. n. xxxij. & xxxiij.*

V. Ne te dégoute, ne te décourage, & ne t'impatiente point, lorsque tu ne réussis pas toujours à faire tout selon les regles de la droite raison. Au contraire, après qu'une chose t'aura mal réussi, recommence-la de nouveau, & te prepare à voir tranquilement plusieurs infirmitez pareilles. Aime de tout ton cœur ce que tu as entrepris, & ne retourne point à la *Philosophie*, comme les Ecoliers retournent chez leur Maître, mais comme ceux qui ont mal aux yeux ont recours aux remedes de l'éponge & des œufs, ou aux fomentations & aux cataplâmes: Ainsi rien ne t'empêchera d'obéir à la raison; tu y acquiesceras en toutes manieres. Surtout souviens-toi que la *Philosophie* ne demande de toi que ce que demande la nature, & toi tu voulois tout le contraire de ce qu'elle veut. *Qu'y a-t-il de plus agréable?* C'est ainsi que la volupté nous trompe sous un voile spécieux. Mais prens-y bien garde. La grandeur d'ame, la liberté, la simplicité, la patience & la sainteté, ne sont-elles pas mille fois plus agréables ? Et quand tu auras bien pesé tous les avantages de la prudence, qui est la mere de la prosperité & de la sureté, pourras-tu jamais rien trouver qui lui soit comparable ? *Du Liv. v. n. ix.*

VI. Que c'est une chose bien évidente qu'il n'y a pas de meilleurs disposition pour la *Philosophie* que celle où tu es maintenant. *Du Liv. xj. n. vij.*

VII. Si tu avois une marâtre & une mere en même-tems, tu te contenterois d'honorer l'une, & tu te tiendrois toujours auprès de l'autre. Ta marâtre c'est la Cour, & ta mere c'est la *Philosophie*. Tiens-toi donc toujours auprès de celle-ci. Repose-toi dans son sein ; Elle te rendra supportable à la Cour, & te fera trouver la Cour supportable. *Du Livre vj. n. xij.*

VIII. Que ces petits hommes qui se piquent d'être grands politiques,

& de traiter de toutes les affaires selon les maximes de la *Philosophie*, sont méprisables! Ce ne sont que des enfans. Mon ami, de quoi s'agit-il? Il s'agit de faire ce que la nature demande de toi. Travaille donc, si tu le peux, & ne regarde point si celà sera sçu. N'attends point ici une République, comme celle de Platon; mais commence, & quelque peu de progrès que tu fasses d'abord, ne pense pas que ce soit peu de chose; car qui est-ce qui pourra changer entierement toutes les opinions des hommes? Et sans ce changement que peut-on attendre d'eux qu'une obéissance forcée, & qu'une servitude accompagnée de larmes & de soupirs? Va presentement, & me parle d'*Alexandre*, de *Philippe*, & de *Demetrius Phalereus*. C'est à eux à voir s'ils ont bien connu ce que demande la nature universelle, & s'ils ont profité de ses leçons. Car s'ils n'ont eû qu'une gravité comme des Rois de théatre, personne ne me condamne à les imi-

La vraie Philosophie. Cʜ. VIII. 6...
ter. La *Philosophie* agit d'une maniere modeste & simple ; Ne me porte donc point à une orgueilleuse gravité. *Du Liv. ix, n. xxxj.*

IX. Une chose qui peut aussi couper chemin au desir de la vaine gloire, c'est de penser qu'il ne dépend plus de toi de faire ensorte que toute ta vie se soit passée dans la *Philosophie* : Car plusieurs personnes sçavent, & tu le sçais bien toi-même, que tu en as été long-tems très-éloigné. Ainsi te voilà confondu, & tu ne peux plus prétendre à la gloire d'un veritable Philosophe : Ta profession même s'y oppose. Si tu as donc veritablement connu en quoi consiste *la vraie Philosophie*, ne te soucie plus de cette vaine réputation, & qu'il te suffise de vivre le peu de tems qui te reste, comme ta nature veut que tu vives. Examine donc bien soigneusement ce qu'elle veut, & ne te mets en peine de rien davantage. Tu n'as que trop éprouvé, qu'ayant couru partout & essayé de tout, tu n'as jamais pû trouver le bonheur que tu cherchois: car tu ne l'as trouvé ni dans le raisonnement, ni dans les richesses, ni dans la gloire, ni dans les plaisirs; enfin nulle part. Où est-il donc? Dans les actions que la nature de l'homme demande. Comment peut-on se mettre en état de faire ces actions? En conservant les saines opinions qui produisent les bons mouvemens & les bons désirs. Quelles sont ces opinions? Celles que l'on a du bien & du mal, & qui font connoître que tout ce qui ne rend pas l'homme juste, tempérant, courageux & libre, n'est pas un bien; & que tout ce qui ne produit pas les effets contraires n'est pas un mal. *Du Liv. viij, n: j.*

X. Epicure dit en quelqu'endroit: *Dans mes maladies je n'entretenois nullement de mon mal ceux qui me venoient voir, & je n'avois point avec eux de ces conversations de malade; mais je passois les journées à discourir des principes des choses, & surtout à prouver que l'ame, en participant aux douleurs*

La vraie Philosophie. Ch. VIII. 63
du corps, peut conserver sa tranquilité, & se maintenir dans la possession de son veritable bien : En me mettant entre les mains des Medecins, je ne leur donnois pas lieu de s'enorgueillir, comme si c'étoit une chose bien considerable que de me redonner la santé ; & en ce tems-là même je passois ma vie doucement & heureusement. Fais donc comme lui ; & dans les maladies, comme dans tous les autres accidens, que rien ne te sépare jamais de la *Philosophie*, & ne t'amuse point à discourir avec les Sots, ni avec les Phisiciens. C'est une regle commune à tous les Métiers & à tous les Arts, qu'il ne faut s'attacher qu'à ce qu'on fait, & à l'instrument avec lequel on le fait. *Du Liv.* ix. n. xliv.

CHAPITRE IX.

Regles de discernement.

I. SI tu as le discernement si fin, sers-t'en dans tes jugemens; comme a fort bien dit un Sage. *Du Liv. viij. n. xl.*

II. Les choses sont hors de nous, & comme à la porte, sans rien sçavoir d'elles-mêmes, & sans nous déclarer ce qu'elles sont. Qui est-ce donc qui nous le déclare, & qui en juge ? C'est l'esprit. *Du Liv. ix. n. xv.*

III. Socrate avoit accoutumé d'appeller les opinions du peuple, (*a*) des contes à épouvanter les enfans. *Du Liv. xj. n. xxiiij.*

IV. Considere les causes dépouillées de l'écorce qui les couvre, le

―――――――――――

(*a*) Les opinions du peuple sur la mort, l'exil, la honte, & tout ce que le peuple appelle des maux.

but

but de toutes les actions; ce que c'est que la douleur, la volupté, la gloire & la mort, & pense que nous nous faisons nous-mêmes tous nos embarras; qu'il ne dépend pas des autres de nous incommoder, & que tout n'est qu'opinion. *Du Liv. xij. n. vilj.*

V. Il ne faut pas recevoir les opinions de nos peres comme des enfans, c'est-à-dire, par la seule raison que nos peres les ont eues, & nous les ont laissées; mais il faut les examiner, & suivre la verité. *Du Liv. iiij. n. lij.*

VI. Il faut être branche d'un même arbre, & ne pas suivre les mêmes opinions. *Du Liv. xij. n. ix.*

VII. Quel moyen de connoître la verité de chaque chose? C'est de la diviser en sa matiere & en sa forme. *Du Liv. iiij. n. xxiij.*

VIII. Regarde au dedans de toutes choses, & ne te laisse jamais tromper, ni à leur qualité, ni à l'éclat qui les environne. *Du Livre vj. i. iij.*

F.

IX. Comme on juge des viandes, & qu'on dit ; *c'est un poisson, c'est un oiseau* : Et du vin de Phalerne ; *c'est le jus d'un tel raisin* : Et de la pourpre ; *c'est de la laine de brebis teinte dans le sang d'un certain coquillage* : Et comme par le moyen de ces réflexions on examine à fond chaque chose, & on connoît ce qu'elle est, il faudroit faire de même dans toute la conduite de la vie. Lorsque les choses qui passent pour les plus dignes d'être approuvées se presentent à notre imagination, il faudroit les dépouiller, pour ainsi dire, & voir à découvert leur peu de valeur. Il faudroit leur ôter l'éclat de la renommée ; car cet éclat étranger est un grand trompeur, & lorsque tu crois être parvenu à ce qu'il y a de plus beau & de plus solide dans un sujet, c'est alors qu'il te trompe avec le plus d'adresse. Pense donc souvent à ce que *Crates* disoit de *Xenocrate* même (a). *Du Liv. vj. n. xiij.*

_____

(a) Xenocrate étoit le plus grave des Philo-

X. Une araignée se glorifie d'avoir pris une mouche; & parmi les hommes, l'un se glorifie d'avoir pris un liévre, un autre d'avoir pris un poisson; celui-là d'avoir pris un sanglier ou un ours, & celui-ci d'avoir pris des Sarmates. Ne les trouveras-tu pas de vrais brigands, si l'on examine bien leurs opinions? *Du L. x. n. xij.*

XI. Quand tu vois des gens qui parlent en Maîtres, & qui loüent & blâment avec autorité & avec orgueil, ne manque pas d'examiner leur vie: Tâche de découvrir ce qu'ils font à table & dans leur cabinet: Penetre leurs desseins, ce qu'ils recherchent & ce qu'ils fuyent; & souviens-toi qu'ils ne vivent que des rapines, & que des vols qu'ils font; non pas, comme on dit, avec les pieds & avec les mains, mais avec la plus précieuse partie d'eux-mêmes, avec laquelle,

---

sophes. Crates faisoit l'anatomie de cette gravité, & prouvoit que ce n'étoit que faste & ostentation.

s'ils vouloient, ils pourroient acquérir la foi, la modestie, la verité, la loi, & le bon génie. *Du Liv. x. n. xvij.*

XII. Accoutume-toi toujours autant qu'il te sera possible à examiner chaque chose par rapport à la phisique, à la morale, & à la dialectique. *Du Liv. viij. n. xiij.*

XIII. Examine toutes choses de cette maniere : Qu'est-ce que cela est en lui-même & par sa nature ? *Quelle est sa matiere & sa forme ? Que fait-il dans le monde, & combien de tems y sera-t-il ?* Du Liv. viij. n. xj.

XIV. Pense d'où chaque chose est venuë, de quoi elle est composée, en quoi elle sera changée, & ce qu'elle sera après son changement. Tu verras qu'elle ne peut jamais souffrir aucun mal, & que rien ne lui pourra nuire. *Du Liv. xj. n. xviij.*

XV. Considere toujours que tout se fait par le changement, & accoutume-toi à penser qu'il n'y a rien que la nature aime tant qu'à changer les choses qui sont, pour en faire de nouvelles & de tout semblables; car on peut dire en quelque maniere que tout ce qui est, n'est que la semence de tout ce qui sera: Et toi tu ne penses qu'à la semence qu'on jette dans la terre; c'est être trop ignorant & trop grossier. *Du Liv. iiij. n. xxxviij.*

XVI. Sur tout ce que tu vois faire, accoutume-toi autant qu'il sera possible à rechercher pourquoi on le fait. Commence par ce que tu fais toi-même, & tâche de découvrir le but où tendent toutes tes actions. *Du L. x. n. xlij.*

XVII. Accoutume-toi à écouter sans aucune distraction ce qu'on te dit, & entre autant qu'il se peut dans l'esprit de celui qui te parle. *Du Liv. vj. n. liij.*

XVIII. Regarde à la qualité de la forme; sépare-la de la matiere; examine-la bien, & détermine ensuite à peu près le tems de sa durée. *Du L. ix. n. xxv.*

XIX. C'est avoir assez vécu dans la misere, dans les lamentations, &

dans les grimaces. Qu'est-ce qui te trouble? Que trouves-tu là de nouveau? Qu'est-ce qui t'épouvante? Est-ce la forme! regarde-la. Est-ce la matiere! examine-la. Il n'y a rien au-delà de ces deux choses. Sois donc desormais plus simple, plus équitable, & plus complaisant envers les Dieux. *Du Liv. ix. n. xxxix.*

XX. A toutes les regles que je t'ai données tu peus encore ajouter celle-ci : C'est de faire toujours une définition, ou une description exacte de tout ce qui peut tomber dans la pensée, de sorte qu'on voye précisément sa matiere ; que l'on connoisse toutes ses parties séparément, & que l'on sçache son veritable nom, & le nom des choses dont il est composé & dans lesquelles il sera dissous : Car il n'y a rien qui rende l'ame si grande, que d'examiner avec méthode & avec verité tout ce qui peut arriver dans la vie, & d'y faire une telle attention que l'on connoisse d'abord quelle partie du Monde cela regarde, à quel

Regles de discernement. Ch. IX. 71
usage il est destiné, de quelle consideration il est par rapport à l'univers, & par rapport à l'homme qui est le Citoyen de cette Ville céleste, dont toutes les autres Villes ne sont que comme les hôtelleries & les maisons. Qu'est-ce donc qui frape présentement mon imagination? De quoi est-il composé? Quel doit être le tems de sa durée? Quelle vertu faut-il lui opposer? La douceur! la force! la verité! la fidelité! la simplicité! la frugalité! la sagesse! Sur chaque accident il faut donc dire, cela vient de Dieu; c'est une suite des causes établies par sa providence, ou un effet du hasard. C'est l'action d'un homme qui vient de même lieu que moi, qui participe à la même raison, & qui ignore ce qui est propre & convenable à sa nature: Mais moi, je ne l'ignore pas; c'est pourquoi je me comporte envers lui humainement & justement, suivant les loix naturelles de la societé. Dans toutes les choses indifferentes je tâche d'en juger de même,

& de donner à chacune son veritable prix. *Du Liv. iij. n. x.*

CHAPITRE X.

Objets dignes de notre estime.

1. CE qui merite notre estime, ce n'est ni de transpirer, cela est commun aux plantes; ni de respirer, cela est commun aux animaux; ni d'avoir une imagination capable de recevoir les impressions des objets; ni de suivre ses mouvemens comme des Marionettes; ni de vivre ensemble; ni de se nourrir : Car se nourrir, & rejetter ce qu'il y a de superflu dans les alimens, c'est la même chose. Qu'est-ce donc qui merite notre estime? Est-ce de recevoir des applaudissemens? Non. Est-ce d'avoir des acclamations & des loüanges? Non; car les loüanges & les acclamations des peuples ne sont qu'un bruit confus de voix, & un mouvement de langues.

gues. Voilà donc la porte fermée à la vaine gloire. Que reste-t-il que nous devions estimer digne de nos soins? C'est à mon avis d'agir conformément à notre condition, & de remplir tous nos devoirs. Et c'est à quoi nous sommes conduits & excitez par l'exemple de tous les Métiers & de tous les Arts; car nous voyons qu'ils ne tendent tous qu'à faire ensorte que leurs ouvrages répondent au dessein pour lequel on les a faits. C'est le but du Vigneron qui cultive la vigne, celui de l'Ecuyer qui dompte les chevaux, & celui du Chasseur qui dresse des chiens. L'éducation & l'instruction des enfans, à quoi tendent-elles? Voilà ce que nous appellons estimable. Quand tu seras bien persuadé de cette verité, tu ne te mettras nullement en peine d'acquerir toutes ces autres choses. Mais ne peut-on pas toujours les estimer? Si tu les estimes, tu ne seras donc jamais libre, ni content de toi-même, ni exempt de passion; car il faut nécessairement que

G

tu ayes de l'envie & de la jalousie; que tu te défies éternellement de ceux qui ont en main le pouvoir de t'ôter tout ce que tu admires, & que tu dresses incessamment des embuches à ceux qui le possedent. En un mot, il est entierement impossible que celui qui manque de quelqu'une de ces choses ne soit troublé, & qu'il n'accuse à tous momens les Dieux ; au lieu que l'estime & le respect que tu as pour ta propre raison, font que tu es agréable à toi-même, commode pour la societé, & d'accord avec les Dieux; c'est-à-dire, que tu reçois avec joie tout ce qu'ils t'envoyent, & qu'ils t'ont ordonné. *Du Liv. vj. n. xvj.*

II. Garde-toi bien d'estimer jamais comme utile une chose qui te forcera un jour à manquer de foi, à violer la pudeur, à haïr, soupçonner ou maudire quelqu'un, à être dissimulé, à désirer des choses qui demandent des murailles ou des voiles pour être cachées. Celui qui n'estime que son ame, c'est-à-dire, son propre génie,

& le sacré culte qu'on rend à ses vertus, ne fait rien qui sente *l'enflure* de la tragedie. Il ne s'abandonne point aux gemissemens; il ne demande ni la solitude ni le grand monde; &, ce qui est encore plus considerable, il vit sans crainte & sans désir; il ne se met point en peine quel tems il a encore à joüir de la vie; il est toujours prêt à la quitter, comme à faire toute autre action honnête & vertueuse, enfin son unique soin, pendant qu'il est sur la terre, c'est de tenir toujours son ame en état de faire tout ce qui est propre à l'homme, & utile à la societé. *Du Liv. iij. n. vij.*

III. Considere souvent combien d'hommes de differente profession & de differentes Nations sont morts, & promene ta pensée jusqu'à *Philistion,* à *Phebus* & à *Origanion.* Passe de-là à une autre sorte de gens, & dis en toi-même : Il faut descendre tous dans le lieu où sont tant de grands Orateurs, tant de graves Philosophes, *Heraclite, Pythagore, Socrate* ; tant de Heros de l'antiquité; tant de grands Capitaines de ces derniers tems; tant de Rois. Où font *Eudoxe*, *Hipparque*, *Archimede*, & tant d'autres grands & sublimes genies, qui n'ont pas eu moins de patience & de capacité que de courage ? Enfin où sont tous ces plaisans de profession, comme *Menippe* & les autres qui ont tourné en ridicule cette vie caduque & de peu de durée? Tous ces gens-là font morts depuis long-tems. Quel malheur en est-il arrivé, & à tous les autres qui font morts comme eux, & dont on ne sçait pas le nom ? Il n'y a donc ici qu'une chose digne de notre estime, c'est de vivre tranquillement parmi les menteurs & les injustes, en conservant toujours la justice & la verité. *Du Liv. vj. n. xlvij.*

IV. Quelqu'un est plus adroit que toi à la lutte; mais il n'est ni plus civil, ni plus modeste, ni mieux préparé à toute sorte d'accidens, ni plus indulgent pour les fautes de son prochain. *Du Liv. vij. n. liiij.*

V. Parce que tu défesperes de pouvoir jamais être un grand Dialecticien ou un grand Phificien, renonceras-tu à être libre, modeste, sociable & soumis aux ordres de Dieu ? *Du Liv. vij. n. lxxj.*

VI. Tu méprifèras la mufique, les danfes, & tous les fpectacles, fi tu fais ce que je vais te dire : A l'égard de la mufique, tu n'as qu'à la divifer en chacun de fes tons, & fur chacun te faire cette demande : *Eft-ce donc-là ce qui t'a ravi ?* Tu en auras honte. Sur la danfe fais la même chofe, & confidere à part tous fes geftes & tous fes mouvemens, & ainfi de tous les fpectacles. Enfin fur toutes les chofes du Monde, excepté fur la vertu & ce qui vient d'elle, fouviens-toi de cette maxime. Divife-les par parties ; & par cette divifion, apprens à les méprifer. Suis la même regle fur toute la vie. *Du Liv. xj. n. ij.*

VII. Il eft bon de repaffer fouvent en fa mémoire tous ceux qui ont été extrêmement fâchez de quelque chose ; ceux qui ont été élevez au faîte de la gloire ; ceux qui ont été précipitez dans un abîme de calamitez ; ceux qui ont eu des inimitiez violentes ; enfin tous ceux qui ont reçu les plus grandes faveurs de la fortune, ou éprouvé ses plus grands revers en quelque état que ce soit ; & ensuite il faut faire cette réflexion : *Où sont-ils ? Que sont-ils devenus ?* Ce n'est plus que fumée & que cendre ; ils ne vivent plus que dans les discours des hommes, ou même ils n'y vivent déja plus. Pense en même-tems à ce que faisoit, par exemple, *Fabius Catulinus* à sa maison de campagne ; *Lucius Lupus* & *Stertinius* à *Baies* ; *Tibere* & *Velius Rufus* à *Caprées* ? Pense à tous les empressemens inquiets avec lesquels ils couroient à tout ce que leur imagination séduite leur faisoit paroître digne de leurs soins & de leur estime ; combien tout cela étoit méprisable & vil ; & qu'il y avoit bien plus de raison & de sagesse à se montrer en toutes rencontres juste, tempérant, & soumis aux ordres de Dieu avec une simplicité sans fard : Car il n'y a rien de plus mauvais & de plus insupportable que l'orgueil nourri & enflé par une humilité fausse. *Du Liv. xij. n. xxix.*

VIII. Que la partie du tems infini assignée à chacun, est petite, & qu'elle est bientôt absorbée & engloutie par l'éternité ! Quelle petite portion de toute la matiere t'a été distribuée ! Quelle petite part tu as à l'esprit universel ! Et dans toute la terre quel point a-t-on choisi pour t'y faire ramper ! Si tu t'entretiens bien de ces pensées, tu ne trouveras rien de grand, que de faire ce que ta propre nature demande, & que de souffrir ce qu'il plaît à la nature universelle de t'envoyer. *Du Liv. xij. n. xxxiiij.*

CHAPITRE XI.

Sur les veritables biens.

1. SI dans la vie tu trouves quelque chose de meilleur que la justice, la verité, la temperance & la force d'esprit, en un mot, qu'une ame contente d'elle-même dans tout ce qu'elle fait selon les regles de la raison, & satisfaite de sa destinée dans tout ce qui lui arrive contre son gré; si tu trouves, dis-je, quelque chose de meilleur, attache-toi de tout ton cœur à ce bien inestimable, & joüis de ce trésor que tu as trouvé. Mais si tu ne vois rien de meilleur que cette partie de la Divinité qui a son temple au dedans de toi, qui se rend toujours la maîtresse de tous ses mouvemens, qui examine avec soin toutes ses pensées; qui, comme disoit Socrate, se délivre de la tyrannie des passions qui agitent les sens; qui est soumise aux

Dieux, & qui a toujours soin des hommes : Si toutes les autres choses te paroissent petites & méprisables auprès d'elle, ne donne place à aucune; car t'y étant une fois soumis, il ne dépendra plus de toi de t'en défaire pour t'attacher uniquement à ce bien qui t'est veritablement propre, & qui est à toi. Il n'est pas juste que rien d'étranger vienne tenir tête à ce veritable bien qui est l'unique auteur de la societé & de la conduite raisonnable. Je dis *rien d'étranger*, comme les applaudissemens du peuple, les principautez, les richesses & les voluptez; car pour peu que nous donnions entrée à tout cela, & qu'il nous paroisse sortable, il prend d'abord le dessus & nous entraîne, avant que nous y prenions garde. Choisis donc librement & simplement tout ce qui te paroît le meilleur, & t'y attache de toutes tes forces. Ce qui est meilleur, c'est ce qui est utile, & voici une regle sûre pour le discerner : *Tout ce qui t'est utile en tant que tu es ani-*

mal raisonnable, c'est ce qu'il faut retenir; & tout ce qui ne t'est utile qu'en tant que tu es simplement animal, c'est ce qu'il faut rejetter. Conserve seulement ton jugement libre & dégagé de toute sorte de préjugez, afin qu'il puisse faire sûrement cette difference. *Du Liv. iij. n. vj.*

II. Tu peus connoître à ceci ce que le peuple appelle des biens. Si quelqu'un s'est formé une idée des veritables biens, comme de la prudence, de la sagesse, de la vaillance, & de la justice, il ne pourra jamais souffrir qu'on ajoute à cette idée rien qui n'y soit conforme, & qu'on parle avec indignité de ces veritables biens. Mais s'il s'est fait une idée des biens du peuple, il entendra & recevra avec plaisir, comme une application heureuse, le mot du Poëte comique : *Que celui qui les possede est si riche, & que tout est si propre chez lui, qu'il ne sçait où aller pour les nécessitez à quoi la nature l'oblige ;* & le peuple fait lui-même cette difference sans le sçavoir.

Car au premier cas, cette application le choqueroit, & lui seroit très-desagréable (*a*); au lieu qu'au second, c'est-à-dire, quand on parle de richesses, du luxe, de la gloire, & de la fortune, elle le divertit, & il la reçoit avec joye, comme un bon mot plein de sel & de sens, & qui convient admirablement au sujet. Va après cela, & demande si l'on doit prendre pour des biens veritables & dignes de notre estime, des choses ausquelles on peut appliquer avec grace le mot que je viens de rapporter. *Du Liv. v. n. xij.*

III. Il ne faut pas dire que rien appartienne à l'homme de tout ce qui ne lui convient pas en tant qu'homme; car l'homme ne le demande point; la nature de l'homme ne le promet point; ce ne sont pas des perfections de la nature humaine. Ce n'est donc

---

(*a*) *Il est si prudent, si sage, si vaillant & si juste, qu'il ne satisfait point aux nécessitez de la nature:* Raillerie choquante.

pas en cela que consiste la fin de l'homme, ni le bien qui remplit cette fin : Car s'il y avoit en cela quelque chose qui appartînt à l'homme, il ne lui conviendroit pas de la méprifer & de s'élever contr'elle. Si c'étoient les veritables biens, on ne loüeroit point ceux qui feroient profession de n'en avoir pas besoin, ni ceux qui s'en priveroient eux-mêmes en partie. Or nous voyons tout-au-contraire, que plus un homme fe prive de ces fortes de biens, ou qu'il fouffre plus volontiers que d'autres l'en privent, plus il passe pour vertueux. *Du Liv. v. n. xv.*

IV. Si tu es dans ce faux préjugé, que ce qui ne dépend point de toi est un bien ou un mal, il est impossible que ce mal venant à t'arriver, ou ce bien à t'échaper, tu n'accuses les Dieux, & que tu ne haïsses les hommes, qui feront, ou que tu croiras être la cause de ton malheur; & voilà la source de toutes nos injustices : Au lieu que si nous étions bien persuadez

Sur les veritables biens. CH. XI. 85
que notre bien & notre mal dépendent uniquement de nous, il ne nous resteroit aucun sujet ni de nous plaindre des Dieux, ni de haïr les hommes. *Du Liv. vj. n. xlj.*

V. A quelles gens veut-on plaire ? Quels biens prétend-on gagner, & par quels motifs ? Le tems viendra promptement engloutir toutes choses. Combien en a-t-il déja englouti ! *Du Liv. vj. n. dernier.*

VI. Pense souvent à la fable du rat de Ville & du rat des champs ; à la frayeur de ce dernier & à sa suite. *Du Liv. xj. n. xxiij.*

VII. L'ambitieux fait consister son bien dans l'action d'un autre : Le voluptueux le met à contenter ses passions ; mais celui qui a de la raison l'établit dans les actions qui lui sont propres. *Du Liv. vj. n. lj.*

CHAPITRE XII.

Faire usage de sa raison.

I. La raison & l'art de raisonner sont des facultez suffisantes à elles-mêmes, & à toutes les operations qui en dépendent; elles partent de leur propre principe, & vont à la fin qu'elles se proposent. C'est pourquoi on a appellé leurs operations d'un mot qui signifie *actions droites*, c'est-à-dire, qui vont le droit chemin sans jamais s'en détourner. *Du Liv. v, n. xiiij.*

II. La partie superieure de notre ame s'excite, se tourne, se remuë, comme il lui plaît, se rend telle qu'il lui plaît, & fait que tout ce qui arrive lui paroît tel qu'il lui plaît. *Du Liv. vj, n. viij.*

III. En un animal raisonnable, la même action qui est selon la nature est aussi selon la raison. Sois droit, ou redressé. *Du Liv. vij. n. xij. & xiij.*

IV. Tout ce qui se fait par la raison, laquelle est commune aux Dieux & aux hommes, ne peut être mauvais; car partout où se trouve l'utilité qui resulte nécessairement d'une action qui se perfectionne selon sa nature, il est impossible d'y trouver en même-tems du dommage & du préjudice; On ne sçauroit même le soupçonner. *Du Liv. vij, n. lv.*

V. Tout homme qui obéit toujours à la raison, est en même-tems agissant & tranquille, sérieux & gay. *Du Liv. x. n. xv.*

VI. As-tu la raison en partage? *Oui, je l'ai.* Pourquoi donc ne t'en sers-tu pas? Et si tu t'en sers, & qu'elle fasse bien ses fonctions, que demandes-tu davantage? *Du Liv. iiij. n. xiij.*

VII. Si les Matelots maltraitent leur Pilote, & les Malades leur Medecin, à qui auront-ils recours? Et comment l'un travaillera-t-il à sauver son vaisseau, & l'autre à guerir ses Malades? *Du Liv. vj. n. lv.*

VIII. En moins de dix jours ceux

qui te regardent presentement comme une bête feroce, ou comme un singe, te regarderont comme un Dieu, si tu retournes à tes maximes, & que tu reprennes le culte de ta raison. *Du Liv. iiij. n. xvj.*

IX. Sur chaque chose que tu entreprens interroge-toi toi-même : Comment me trouverai-je de cela ? Ne m'en repentirai-je point ? Encore un peu de tems me voilà mort, & tout est disparu pour moi. Qu'est-ce que je cherche davantage ? Ne suffit-il pas que ce que je fais presentement soit l'action d'un animal raisonnable, sociable, & qui obéit aux mêmes loix que Dieu ? *Du Liv. viij. n. ij.*

X. Tout ce qu'il y a en toi d'aërien & d'ignée, quoique naturellement il se porte en haut, cependant soumis à l'ordre de cet univers, il demeure ici bas dans ce composé. Tout de même ce qu'il y a de terrestre & d'humide, quoique naturellement il tende en bas, demeure pourtant en haut, & se tient dans une situation qui ne lui

lui est pas naturelle: Tant il est vrai que les élemens mêmes obéissent à la loi generale, en conservant la place qui leur a été donnée malgré eux, jusqu'à ce que cette même loi leur donne le signal de leur dissolution & de leur retraite. N'est-ce donc pas une chose horrible que la partie intelligente de toi-même soit la seule desobéissante, & la seule qui se fâche de garder son poste ? On ne lui impose pourtant rien qui la gêne & qui la violente ; rien qui ne soit conforme à sa nature. Cependant au lieu de le souffrir, elle s'y oppose & se revolte contre cet ordre ; car tous ces mouvemens qui la portent à l'injustice, à l'intemperance, à la tristesse & à la cruauté, que sont-ils que des revoltes contre la nature ? Dès qu'un esprit porte impatiemment les accidens qui lui arrivent, dès ce moment-là il quitte lâchement son poste ; car il n'a pas moins été fait pour l'égalité & pour la pieté, que pour la justice, & ces deux premieres vertus ne sont pas moins dans l'ordre des choses utiles à la societé : Elles sont même plus anciennes que les actions justes. *Du Liv. x. n. xxj.*

XI. C'est un mot d'Epictete : *Il n'y a ni voleur ni tyran de la volonté.*

XII. Il faut trouver l'art de donner son consentement à propos, *disoit le même Epictete* ; & sur le sujet de nos mouvemens, il faut être toujours appliqué à faire ensorte qu'ils se fassent avec exception ; qu'ils tendent au bien de la societé, & qu'ils soient proportionnez au merite des choses. Il faut se défaire entierement de tous ses desirs, & n'avoir aversion que pour les choses qui dépendent de nous absolument, & qui nous sont soumises.

XIII. Nous ne combattons pas pour rien, disoit ce grand Homme : Il s'agit d'être sage ou fou. *Du Liv. xj. n. xxxvj. xxxvij & xxxviij.*

XIV. Dans l'usage des opinions il faut plutôt ressembler au Luteur qu'au Gladiateur : Car dès que celui-ci perd son épée il est mort ; au lieu que l'au-

de sa raison. CH. XII.

tre a toujours son bras, & n'a besoin que d'avoir le courage de s'en bien servir. *Du Liv. xij. n. ix.*

XV. Une chose n'est pas honnête, ne la fais pas; elle n'est pas vraie, ne la dis point, & sois toujours le maître de tes mouvemens.

XVI. Commence enfin à sentir qu'il y a en toi quelque chose de plus considerable & de plus divin que ce qui produit tes passions, & qui te remuë comme une Marionette par des ressorts étrangers. *Du Liv. xij. n. xvij. & xix.*

XVII. Voici un excellent raisonnement de Socrate: Que voulez-vous? Voulez-vous avoir des ames raisonnables, ou des ames sans raison? *Nous voulons des ames raisonnables.* Mais voulez-vous avoir de celles qui sont saines, ou de celles qui sont vicieuses? *De celles qui sont saines.* Que ne les cherchez-vous donc? *C'est que nous les avons.* Si vous les avez, pourquoi êtes-vous donc toujours en dissentions & en querelles? *Du Liv. xj. n. dernier.*

CHAPITRE XIII.

Indépendance de la partie superieure de l'ame par rapport aux passions & à la douleur.

I. Que la partie principale de ton ame soit insensible aux mouvemens de la chair de quelque nature qu'ils puissent être, ou rudes, ou doux. Qu'elle ne se mêle point avec le corps; mais que se renfermant en elle-même; elle empêche les passions de passer les limites des parties où elles regnent. Que si par quelque simpathie elles parviennent jusqu'à l'esprit, à cause de l'étroite union qu'il a avec le corps, alors il ne faut pas tâcher de resister à un sentiment qui est naturel : Il faut seulement que l'ame s'empêche de juger que ce sentiment est bon ou mauvais. *Du Liv. v. n. xxvj.*

II. Tu es, comme disoit Epictete,

supérieure de l'ame. Cʜ. XIII. 93
une ame qui promene un mort. *Du Liv. iiij n. xliij.*

III. Ton mal ne vient point de ce que les autres penfent, ni du changement, ou de l'altération du corps qui t'environne. D'où vient-il donc ? De la partie qui juge qu'une telle chofe eft un mal : Car qu'elle ne juge pas feulement & tout ira bien. Quoique le corps qui eft fi près de cette partie qui juge, foit coupé, brûlé, ulceré, pourri, elle doit pourtant fe taire; c'eft-à-dire, qu'elle doit tenir pour conftant, que tout ce qui peut également arriver à un homme de bien, & à un méchant, ne peut être ni bon ni mauvais. Car tout ce qui arrive également à celui qui vit felon la nature, & à celui qui viole fes loix, ne peut être ni felon la nature, ni contre la nature. *Du Liv. iiij. n. xlj.*

IV. Les chofes n'ont en aucune maniere la force de toucher notre ame. Elles ne trouvent point de chemin qui les y conduife, & ne peuvent ni la changer ni l'ébranler. C'eft elle seule qui se change & qui s'ébranle, & tous les accidens sont pour elle ou bons ou mauvais, selon la bonne ou mauvaise opinion qu'elle a d'elle-même. *Du Liv. v. n. xix.*

V. Tout ce qui ne rend pas l'homme pire qu'il n'étoit ne sçauroit rendre sa vie plus mauvaise, & ne le blesse ni au dedans ni au dehors. *Du Liv. iiij. n. viij.*

VI. Arrive ce qui pourra à ces membres qui peuvent souffrir des accidens étrangers. Ce qui souffrira le mal s'en plaindra, s'il veut : Pour moi, pendant que je ne prendrai point pour un mal ce qui arrivera, je n'en serai point blessé : Or il dépend de moi de ne prendre pas cela pour un mal. *Du Liv. vij. n. xv.*

VII. Je suis composé d'un corps & d'une ame. Tout est indifferent à mon corps, car il ne peut rien distinguer. Tout est aussi indifferent à mon ame, excepté ses propres operations; or toutes ses operations dépendent d'elle. Mais il n'y a que celles qui

superieure de l'ame. CH. XIII. 95
l'occupent presentement qui lui soient cheres : Les passées & celles qui sont à venir lui sont également indifferentes. *Du Liv. vj. n. xxxij.*

VIII. SUR LA DOULEUR. Si elle est insupportable, elle donne la mort, & si elle ne donne pas la mort elle est supportable. L'ame cependant conserve toute sa tranquilité par le moyen de son abstraction, & se maintient en bon état. Que les parties donc qui sont accablées de douleur s'en plaignent si elles peuvent. *Du Liv. vij. n. xxxv.*

IX. Que les hommes disent tout ce qu'ils voudront contre cette verité, & qu'ils te traitent de ridicule; il est constant que tu peus vivre dans une entiere liberté, & dans un continuel plaisir, quoique les bêtes déchirent ton corps, & le mettent en pieces : Car qu'est-ce qui empêche que dans ces sortes d'accidens l'ame ne se maintienne dans une parfaite tranquilité; qu'elle ne *juge* veritablement des circonstances, & qu'elle ne fasse sur

Indépendance de la partie le champ un bon *usage* de ce qui lui est presenté ? Le *jugement* ne peut-il pas dire à ce qui arrive : *Tu es veritablement cela, quoique l'opinion qu'on a de toi, & ce qu'on en dit, te fassent paroître tout autre.* Et l'*usage* ne peut-il pas dire à ce qui se presente : *C'est toi que je cherchois.* En effet tout ce qui tombe sous la main sert de matiere & de sujet à la vertu raisonnable & sociable, ou plutôt à l'art de l'homme & de Dieu; car tout ce qui arrive est propre & familier à l'homme, ou à la Divinité. Il n'y a rien de nouveau ni d'insurmontable. Tout est facile & commun. *Du Liv. vij. n. lxxij.*

X. Ou tout ce qui arrive part d'une même source intelligente, & arrive également pour tout le corps, & ainsi il ne faut pas qu'une partie se plaigne d'une chose qui est destinée pour le tout, & non pas pour elle seule; ou tout se fait par le concours fortuit des atômes, & le Monde n'est qu'un mélange & une dissipation. De quoi t'étonnes-tu donc ? Et pourquoi dis-tu à

à ton esprit : *Tu es mort ; tu es perdu.*
Est-ce donc lui qui mange, qui boit,
qui se fâche, qui rit, & qui fait toutes
les autres fonctions corporelles ? *Du*
Liv. ix. n. xlij.

XI. Dans toutes les douleurs aye
toujours cette réflexion toute prête,
qu'elles n'ont rien de honteux, &
qu'il ne dépend pas d'elles de cor-
rompre ton ame, ni comme raisonnable, ni comme sociable. Et dans
les plus violentes de toutes les atta-
ques, appelle à ton secours ce mot
d'*Epicure*, qu'elles ne sont ni insupportables, ni éternelles, si tu penses
aux bornes étroites de toutes choses,
& que tu n'y ajoutes pas tes opinions.
Enfin souviens-toi que nous sentons
souvent en nous des choses bien ap-
prochant de la douleur & qui nous
fâchent, sans que nous y fassions
grande attention, comme, par exemple, l'envie de dormir quand il faut
veiller, les grands chauds, les dégoûts.
Toutes les fois donc que tu murmu-
res de quelqu'une de ces choses, ne

manque pas de dire : *Je succombe à la douleur*. Du Liv. vij. n. lxvj.

XII. La douleur est un mal pour le corps, ou pour l'ame. Est-ce pour le corps ? Qu'il s'en plaigne. Est-ce pour l'ame ? Mais il dépend de l'ame de conserver sa propre sérenité & sa tranquilité, & de ne pas juger que c'est un mal. Car tous nos jugemens, tous nos mouvemens, toutes nos inclinations, & toutes nos aversions sont au dedans, & il n'y a point de mal qui approche de-là. *Du Liv. viij. n. xxx.*

XIII. Ou tu peus supporter ce qui t'arrive, ou tu ne le peus pas. Si tu le peus, ne t'en fâche point, mais supporte-le. Si tu ne le peus pas, ne t'en fâche pas non plus ; car en te consumant, il se consumera aussi. Souviens-toi pourtant qu'il est en ton pouvoir de souffrir tout ce qu'il dépend de ton opinion de te rendre supportable, en te persuadant que c'est ton interêt, ou ton devoir qui le veulent ainsi. *Du Liv. x. n. iij.*

CHAPITRE XIV.

Sur les pensées & les mouvemens de l'ame.

I. Telles que seront les pensées dont tu t'entretiendras d'ordinaire, tel sera aussi ton esprit, car notre ame prend la teinture de nos pensées. Tâche donc de la nourrir & de l'imbiber toujours de ces réflexions : Partout où l'on peut vivre, on peut bien vivre; on peut vivre à la Cour, donc on peut bien vivre à la Cour. De plus chaque chose se porte vers l'objet pour lequel elle a été faite. Là où elle se porte, c'est-là qu'elle trouve sa fin ; & où elle trouve sa fin, c'est-là qu'elle trouve son veritable bien, & ce qui lui est propre. Le veritable bien de l'animal raisonnable est donc la societé; car il a été déja prouvé que c'est pour la societé que nous sommes nez. En effet, n'est-il pas évident que les choses les moins parfaites sont pour les plus parfaites, & que les plus parfaites sont les unes pour les autres ? Les choses animées sont plus parfaites que les inanimées, & des animées les raisonnables sont les meilleures. *Du Liv. v. n. xvj.*

II. Ne consume point le tems qui te reste à vivre à penser aux autres, quand cela n'est d'aucune utilité pour le Public; car ces pensées te priveront d'une autre chose qui t'est plus importante, je veux dire, qu'ayant l'esprit occupé de ce que celui-ci ou celui-là fait, pourquoi il le fait, de ce qu'il dit, de ce qu'il pense, ou de ce qu'il veut entreprendre ; toutes ces choses te feront errer hors de toi-même, & t'empêcheront d'être attentif à conduire & à observer ta propre raison. Il faut donc éviter toutes les pensées vaines & inutiles, surtout celles que la curiosité & la malice font naître. Tu dois aussi t'accoutumer à ne penser aucune chose, sur quoi, si quelqu'un te demandoit tout d'un coup ce que tu penses, tu ne pusses répondre avec liberté & sur le champ: *Je pensois cela & cela;* afin que par-là tu fasses connoître que tu n'as rien dans le cœur qui ne soit pur, simple, bon, & qui ne convienne à un homme qui est né pour la societé, qui rejette entierement les pensées de luxe & de volupté, qui méprise les vaines disputes, l'envie, les soupçons, & enfin tout ce que tu ne pourrois avoüer sans honte. Un homme comme celui-là, qui ne remet point de jour à autre à se rendre plus parfait, doit être regardé comme le Prêtre & comme le Ministre des Dieux, servant toujours la Divinité qui est consacrée au dedans de lui, comme dans un Temple. C'est cette Divinité propice qui le rend indomptable à la volupté, invulnerable à la douleur, insensible aux injures & aux violences, inaccessible aux vices & aux désirs déreglez. C'est elle qui le rend un vaillant Athlete dans le plus grand de tous les combats qu'il faut soutenir, pour ne se laisser vaincre par aucune de ses passions; qui lui donne une justice dont il est entierement penetré. C'est elle enfin qui lui fait recevoir avec plaisir tout ce qui lui arrive par les ordres de la Providence ; & qui l'occupant tout entier, ne lui laisse le tems de penser à ce que les autres pensent, disent ou font, que dans les nécessitez pressantes, & lorsqu'il y va de l'interêt du Public. Car il ne s'occupe qu'à faire les choses qui sont de lui, & il ne pense qu'à celles qui lui sont assignées par la nature universelle. Il tâche de perfectionner la beauté de celles-là, & il est convaincu de la bonté de celles-ci. Car ce qui est destiné à chacun lui est convenable & utile, & tend avec lui à la même fin. Il se souvient qu'il y a une étroite union & parenté entre tous les Estres raisonnables, & qu'il est de la nature de l'homme d'avoir soin de tous les hommes. Il ne recherche pas l'estime de tout le monde indifferemment, mais seulement de ceux qui vivent conformément à la nature ; & pour ceux qui vivent d'une autre maniere, il a toujours devant les yeux quels ils sont dans leur domestique, en public, le jour, la nuit, & dans quelles compagnies ils sont confondus, & pour ainsi dire, embourbez. Enfin il ne fait aucun cas de plaire à des gens qui ne se plaisent pas à eux-mêmes. *Du Liv. iij. n. iiij.*

III. Respecte & cultive ton imagination, car tout dépend d'elle, afin qu'elle n'engendre point dans ton esprit des opinions contraires à la nature, & indignes de la raison. Or ce que la nature & la raison demandent, c'est que tu retiennes ton consentement, que tu aimes les hommes, & que tu obéisses aux Dieux. Rejettant donc tous autres soins, ne t'attache qu'à ces trois choses, & souviens-toi que le seul tems qu'on vit, c'est le present qui n'est qu'un point : Tout le reste du tems est ou passé ou incertain. La vie de chacun n'est donc qu'un moment ; le lieu où il la passe qu'un petit coin de terre ; & la réputation la plus durable qu'une chimere qui s'évanoüit bientôt, & qui passe successivement à des hommes qui mourant presque dès qu'ils sont nez, bien-loin d'avoir le tems de connoître ceux qui sont morts avant eux, n'ont pas celui de se connoître eux-mêmes. *Du Liv. iij. n. ix.*

IV. N'ajoute rien à ce que tes premiers sentimens te rapportent. On te dit qu'un tel a mal parlé de toi : Voilà le rapport qu'on te fait ; mais te dit-on que cela te blesse ? Non, sans doute. Vois-je un enfant malade ? Je le vois bien ; mais qu'il soit en danger, c'est ce que je ne vois pas. Demeure donc toujours de même dans tes premieres pensées ; n'y ajoute rien de toi, & rien ne t'arrivera que ce que tu vois ; ou plutôt ajoutes-y, mais en homme qui connoît tout ce qui peut arriver dans le Monde. *Du Liv. viij. n. lij.*

V. Le soleil semble épandu partout, & il l'est en effet ; mais il remplit tout de sa lumiere sans la perdre ; car cet épanchement de lumiere n'est qu'une extension, c'est pourquoi on appelle ses rayons d'un mot qui signifie *étendre*, & tu connoîtras ce que c'est qu'un rayon si tu prens garde à ce filet de lumiere qui entre par un petit trou dans un lieu obscur ; car il va tout droit, & il est coupé & rompu, lorsqu'il rencontre un corps opaque & solide qui s'oppose à son cours, & qui l'empêche d'éclairer l'air qui est derriere. Ce rayon demeure-là ; il se soutient sans tomber, ni se perdre. Telle doit être la lumiere de notre esprit ; il faut qu'elle s'étende sans quitter sa source ; qu'elle s'épande sans se perdre ; qu'elle ne s'opiniâtre, & ne heurte point avec trop de violence contre les objets qui lui resistent, & qu'elle ne s'écoule ni ne tombe point, mais qu'en se soutenant elle éclaire tous les objets qui la reçoivent. Tout ce qui ne donnera pas un passage libre à ses rayons, demeurera dans l'obscurité. *Du Liv. viij. n. lxj.*

VI. Il faut avoir toujours le Monde devant les yeux, & se dire à tous momens : Qu'est-ce qui me donne presentement une telle pensée ? La bien déveloper & considerer séparément sa matiere, sa forme, sa fin & le tems de sa durée. *Du Liv. xij. n. xviij.*

VII. Autre est le mouvement d'une fléche, & autre est le mouvement de notre esprit. Une fléche ne va bien que lorsqu'elle va droit ; mais notre esprit ne va pas moins bien, quand il se détourne, ou qu'il s'arrête sur un sujet pour le bien considerer, que quand il va droit à son but. *Du Liv. viij. n. lxiiij.*

VIII. Notre esprit a quatre penchans qu'il faut observer continuellement ; & quand on les découvre, il faut les bannir, en disant, sur le premier, cette imagination n'étoit pas nécessaire ; sur le second, cela va ruiner la societé ; sur le troisiéme, ce que tu vas dire n'est pas conforme à tes sentimens, or il n'y a rien de plus indigne que de parler contre sa pensée ; enfin sur le quatriéme, en te reprochant à toi-même que tu fais les actions d'un homme qui a assujetti la partie la plus divine de lui-même à la partie la plus méprisable, c'est-à-dire, à cette partie mortelle qui est le corps, & à toutes ses voluptez grossieres & brutales. *Du Liv. xj. n. xx.*

IX. N'est-ce pas notre ame seule qui se trouble elle-même ; qui se jette dans des craintes, & qui se consume dans des désirs ? S'il y a quelqu'autre chose au Monde qui puisse l'épouvanter ou l'affliger, qu'elle le fasse. Il dépend d'elle de se tenir toujours la maîtresse, & de ne donner aucune prise à rien d'étranger. Que le corps fasse de même, s'il peut, & qu'il ait soin de s'empêcher de souffrir ; & s'il souffre, qu'il s'en plaigne. Mais pour l'ame qui s'effraye, qui s'afflige, & qui juge seule de toutes ces passions, elle ne sera nullement blessée, si tu ne lui passes qu'une telle chose est un mal. Notre ame n'a besoin de rien d'exterieur, si elle ne se rend elle-même indigente ; & par conséquent elle est au-dessus du trouble, & de toute sorte d'empêchemens, à moins qu'elle ne se trouble & s'embarrasse elle-même. *Du Liv. vij. n. xvij.*

X. Souviens-toi que ce qui te remuë, & qui te fait agir comme une marionette, ce sont les ressorts cachez au dedans de toi, & ces ressorts ce sont tes sens qui n'ont toujours que trop d'éloquence pour te persuader ; c'est l'amour de la vie & toutes les autres passions ; en un mot, l'homme interieur. Ne t'amuse donc point à considerer le vaisseau exterieur, & les organes qui en dépendent. Ils ne sont que comme une scie, ou un autre instrument, avec cette difference qu'ils sont nez avec toi : Mais sans la cause qui les meut & qui les arrête, ils seroient aussi inutiles que la navette le seroit au Tisseran, la plume à l'Ecrivain, & le foüet au Cocher. *Du Liv. x. n. dernier.*

XI. Ne te lamente point avec ceux qui se lamentent, & ne te laisse point

toucher à leurs cris. *Du Liv. vij. n.*
xlv.

XII. Ne te laisse pas témérairement emporter à tes imaginations.
Donne à ton prochain tous les secours dont tu es capable, & que tu
lui dois : Et s'il a fait quelque perte
en des choses indifferentes (*a*), garde-toi bien de croire qu'il lui soit arrivé un grand mal ; car en cela il n'y
en a aucun. Imite dans ces occasions
la conduite de ce bon vieillard, qui
en s'en allant demande à son petit
enfant sa toupie, sçachant bien que
ce n'est qu'une toupie (*b*). *Du Liv. v,*
n. xxxvij.

(*a*) Il entend par *indifferentes*, toutes les choses exterieures.
(*b*) Allusion à quelque trait de Comédie in-
connuë.

CHAPITRE XV.

Devoirs.

I. Nous avons trois engagemens. L'un nous lie avec la cause environnante : C'est le corps. L'autre nous lie avec la cause divine, d'où descend tout ce qui arrive dans le Monde. Le troisiéme enfin nous lie avec tous les hommes. *Du Liv. viij. n. xxix.*

II. Examine bien ton esprit, celui de l'univers, & celui de ton prochain. Le tien pour le rendre juste ; celui de l'univers pour te souvenir de quel esprit tu fais partie ; & celui de ton prochain pour connoître s'il agit par raison, & en même-tems pour te dire souvent à toi-même que c'est ton parent. *Du Liv. ix. n. xxij.*

III. Tout homme qui fait une injustice est impie. En effet, la nature universelle ayant créé les hommes les uns pour les autres, afin qu'ils se donnent des secours mutuels, celui qui viole cette loi commet une impieté envers la Divinité la plus ancienne. Car la nature universelle est la mere de tous les Estres; & par conséquent tous les Estres ont une liaison naturelle entr'eux. On l'appelle aussi la Verité, parce qu'elle est la premiere cause de toutes les veritez. Voilà pourquoi celui qui ment de son bon gré est impie, parce qu'il fait une injustice en trompant; & celui qui ment malgré lui est aussi un impie, parce qu'il rompt l'harmonie de la nature universelle, & qu'il se soustrait à la loi du Monde, en combattant contre la nature de l'univers. Car il combat contr'elle, puisqu'il va tête baissée, & par son propre choix, contre ses ordres, c'est-à-dire, contre ses veritez fondamentales, & que par le mépris qu'il a eu pour les secours que cette mere commune lui avoit donnez, il s'est mis en état de ne pouvoir discerner la verité d'avec le mensonge. Celui qui fuit la volupté comme un bien, & qui fuit la douleur comme un mal, est encore un impie ; car il est impossible qu'il n'accuse la nature d'avoir fait un partage injuste aux bons & aux méchans, puisqu'on voit ordinairement que les méchans sont dans les plaisirs, & qu'ils possedent tous les biens qui les procurent, lorsque les bons sont accablez de peines & de douleurs. D'ailleurs celui qui craint la douleur, craindra quelque jour une des choses qui arrivent nécessairement dans la nature, ce qui est déja impie ; & celui qui court après la volupté ne s'empêchera jamais de commettre des injustices. Cela est encore impie sans contredit ; car toutes choses étant égales à la nature universelle qui ne les auroit pas créées sans cela, il faut que ceux qui veulent suivre les loix de cette mere commune entrent dans le même esprit, & qu'ils les tiennent aussi pour indifferentes. Tout homme donc qui ne regarde pas avec des yeux indifferens la douleur & la volupté ;

volupté; la mort & la vie; la gloire & l'ignominie, dont la nature se sert également & sans distinction, est manifestement impie. Quand je dis que la nature s'en sert également, je veux dire qu'elles arrivent toutes comme une suite des choses qui se font, & qui se succedent les unes aux autres, selon le premier dessein de la Providence, par laquelle la nature entreprit dans un certain tems la disposition & l'arrangement de cet univers, après avoir conçu en elle-même les raisons de tout ce qui devoit être, & distribué partout les semences fécondes & de l'existence & des changemens & de la vicissitude continuelle de toutes choses. *Du Liv. ix. n. j.*

IV. Celui qui peche, peche contre lui, & celui qui fait une injustice se fait du mal à lui-même, en se rendant méchant. *Du Liv. ix. n. iiij.*

V. Souvent on n'est pas moins injuste, en ne faisant rien, qu'en faisant quelque chose. *Du Liv. ix. n. v.*

VI. Il n'y a point de nature qui soit

K

inferieure à l'art; car tous les arts imitent la nature. Cela étant, il s'ensuit par une conséquence très-évidente que la nature la plus parfaite, & qui comprend toutes les autres, ne cede point à l'industrie de tous les arts. Or il est certain que ceux-ci font toujours les choses les moins parfaites pour les plus parfaites: Il est donc constant que la nature le fait aussi; & c'est ce qui produit la justice, qui est la mere de toutes les autres vertus; car il n'y aura plus de justice, si nous courons avec tant d'ardeur après les choses indifferentes; si nous nous laissons tromper, & si nous sommes inconstans & téméraires. *Du Liv. xj. n. xj.*

VII. Les hommes ne sçavent pas toutes les differentes significations qu'ont ces mots (*a*): *dérober, semer*

(*a*) *Dérober. Acheter* ... Souviens-toi qu'ils ne vivent que des *rapines* & des *vols* qu'ils font, non pas, comme on dit, avec les pieds & avec les mains, mais avec la plus précieuse partie

Devoirs. Ch. XV.   115

acheter, *se reposer, voir ce qu'il faut faire.* C'est ce qui ne se voit pas avec les yeux du corps, mais avec certains autres yeux. *Du Liv. iij. n. xiiij.*

VIII. N'as-tu jamais vû un pied, une main, ou une tête coupée & séparée de son corps ? Celui qui refuse ce qui lui arrive, qui se sépare des autres, & qui dans toutes ses actions n'a aucun égard à la societé, se rend autant qu'il peut semblable à ces parties coupées. Tu t'es séparé; tu as rompu cette union que la nature avoit

―――――――――――――

d'eux-mêmes, avec laquelle, s'ils vouloient, ils pourroient *acquerir* la foi, la modestie, la verité, la loi, & le bon génie. *Du Liv. x. n. xvij.*

Semer. Considere toujours que tout se fait par le changement, & accoutume-toi à penser qu'il n'y a rien que la nature aime tant qu'à changer les choses qui sont, pour en faire de nouvelles & toutes semblables; car on peut dire, en quelque maniere, que tout ce qui est, n'est que la *semence* de tout ce qui sera: Et toi tu ne penses qu'à la *semence* qu'on jette dans la terre; c'est être trop ignorant & trop grossier. *Du Liv. iii. n. xxxviij.*

Se reposer. Fais consister ta joye & ton *repos* à passer d'une bonne action à une autre bonne action, en se souvenant toujours de Dieu. *Du Liv. v. n. vij.*

K ij

faite; car tu étois membre d'un corps & tu l'as quitté. Mais tu as cet avantage qu'il est encore en ton pouvoir de t'y réunir : grace que Dieu n'a accordée à aucune de ces parties. Quand elles sont une fois coupées, cela est fait pour toujours ; elles ne peuvent plus se rejoindre. Admire donc la bonté dont Dieu a usé envers l'homme : afin qu'il ne pût pas se séparer de la societé tout d'un coup & pour jamais, il a fait dépendre de lui de retourner, de se rejoindre, & de reprendre le même poste qu'il avoit occupé. *Du Liv. viij. n. xxxvj.*

IX. Le bien & le mal des animaux raisonnables, & nez pour la societé, ne consiste pas dans la persuasion, mais dans l'action, non plus que les vices & les vertus. *Du Liv. ix. n. xvj.*

X. Comme tu es né pour remplir & parfaire un même corps de societé, toutes tes actions doivent de même être faites pour remplir & parfaire une même vie civile. Toute action donc qui ne se rapporte pas, ou de près ou

de loin, à cette fin, sépare & déchire
ta vie, & l'empêche d'être une ; enfin
elle est séditieuse, comme celui qui
fait une sédition & une révolte dans
un Etat, en rompant, autant qu'il dépend de lui, sa concorde & son harmonie. *Du Liv. ix. n. xxiij.*

XI. Ce qui n'est pas utile à l'essaim,
ne peut être utile à l'abeille. *Du Liv.*
vj. n. liiij.

XII. Il y a des gens qui, dès qu'ils
ont rendu quelque service à quelqu'un, sont très-prompts à mettre en
compte la grace qu'ils lui ont faite. Il
y en a d'autres qui ne comptent pas
veritablement les plaisirs qu'ils ont
faits, mais qui regardent comme leurs
débiteurs ceux qui les ont reçus. Enfin il y en a d'une troisiéme espece
qui oublient, & ne sçavent pas ce
qu'ils ont fait ; semblables à la vigne
qui produit des raisins, & ne demande plus rien après avoir porté son fruit.
Comme un cheval après avoir couru,
un chien après avoir chassé, & une
abeille après avoir fait son miel, ne

disent point : *J'ai fait du miel, j'ai couru, j'ai chassé* ; un homme après avoir fait du bien ne doit point prendre la trompette, mais il doit continuer, comme la vigne qui, après avoir porté son fruit, se prépare à en porter d'autre dans la saison. *Il faut donc à ce compte être du nombre de ceux qui font du bien sans le sçavoir ?* Sans doute. *Mais, selon tes principes, il faut sçavoir ce que l'on fait* ; car c'est le propre de celui qui suit les loix de la societé, de sçavoir qu'il suit ces loix, & de vouloir même que celui pour lequel il les suit ne puisse pas l'ignorer. Ce que tu dis est vrai : cependant pour peu que tu t'écartes de ce que je viens de dire, tu seras bientôt du nombre des premiers dont j'ai parlé ; car ils ont aussi leurs raisons qui ne manquent pas de vraisemblance. Mais si tu veux bien comprendre ce que je dis, ne crains pas que cela te fasse jamais perdre aucune occasion de faire du bien. *Du Liv. v. n. vj.*

XIII. Le même rapport qu'ont

entr'eux les differens membres d'un même corps, toutes les créatures raisonnables, quelque séparées qu'elles soient, l'ont entr'elles; car elles sont toutes créées pour produire le même effet. Et tu seras encore plus pénetré & plus convaincu de cette verité, si tu te dis souvent à toi-même: *Je suis membre d'un corps composé de créatures raisonnables.* Mais si tu te dis: *J'en suis une partie, comme une lettre est une partie de l'alphabet,* tu n'aimes pas encore les hommes de tout ton cœur; tu ne prens pas à leur faire du bien, ce plaisir veritable & solide qui resulte du sentiment de tout le corps; tu ne leur en fais uniquement que par bienséance, & nullement comme t'en faisant à toi-même. *Du Liv. vij. n.° xiv.*

XIV. Personne ne se lasse de recevoir du bien, car c'est une action selon la nature. Ne t'en lasse donc point. Or faire du bien aux autres, c'est en recevoir. *Du Livre vij. n.° lxxviij.*

XV. Ai-je fait quelque chose d'utile à la societé ? J'en ai reçu la récompense. Aye toujours cette maxime dans la bouche, & ne cesse jamais de faire le bien. *Du Liv. xj. n. iiij.*

XVI. Les Lacedemoniens mettoient les siéges des Etrangers à l'ombre de leur théatre, & eux ils s'asseyoient où ils pouvoient. *Du Liv. xj. n. xxv.*

XVII. *Perdiccas* demandant un jour à Socrate, pourquoi il ne venoit pas le voir : *Pour ne pas mourir,* dit-il, *de la mort la plus malheureuse, c'est-à-dire, pour n'avoir pas le déplaisir de ne pouvoir te rendre les bienfaits que j'aurois reçus de toi. Du Liv. xj. n. xxvj.*

XVIII. Quel est ton métier ? D'être homme de bien. Comment y peut-on mieux réussir qu'en méditant sur les ordres de la nature de l'univers, & sur tous les devoirs auxquels l'homme est engagé par les loix de sa nature particuliere. *Du Liv. xj. n. v.*

XIX.

XIX. Ni le pied, ni la main ne font chargez outre leur nature, pendant que le pied fait ce qui est du devoir du pied, & la main ce qui est du devoir de la main. Il en est de même de l'homme en tant qu'homme: Il n'est point chargé au-de-là de sa nature pendant qu'il fait ce qui est du devoir de l'homme. S'il n'est point chargé au-de-là de sa nature, il n'a donc point de mal. *Du Liv. vj. n. xxxiij.*

CHAPITRE XVI.

Défauts à éviter.

I. NE fais rien malgré toi; rien que tu ne rapportes à l'utilité publique; rien que tu n'ayes auparavant bien examiné, & rien enfin par caprice & par passion. N'embellis point tes pensées par la beauté & l'élégance du discours; évite de trop parler, & ne te mêles point de beaucoup d'affaires. Que le Dieu qui est au dedans de toi conduise & gouverne un homme mâle, un bon vieillard, un Citoyen, un Romain, & un Empereur qui s'est mis lui-même en tel état qu'il n'attend que le son de la trompette pour sortir de la vie sans aucun retardement. N'aye jamais recours au serment, ni au témoignage d'autrui pour confirmer tes paroles. Qu'il paroisse toujours de la gayeté sur ton visage. Accoutume-toi à te passer du service des autres, & du repos qu'ils peuvent te procurer. En un mot, sois ferme & droit par toi-même, & n'aye point d'autre appui. *Du Liv. iij. n. v.*

II. Ne fais jamais rien legerement & sans y employer les regles de l'art. *Du Liv. iiij. n. ij.*

III. Il faut éviter sur toutes choses d'être envieux, médisant, efféminé, opiniâtre, féroce, brutal, badin, lâche, faux, bouffon, trompeur, & tyran. *Du Liv. iiij. n. xxx.*

IV. N'imite ni les mœurs ni les

Défauts à éviter. CH. XVI. 123
manieres des Courtisannes, ni celles des Comédiens (*a*). *Du Liv. v. n. xix.*

V. Pourquoi les choses du dehors t'occuperoient-elles ? Fais-toi du loisir pour apprendre quelque chose de bon & d'honnête, & cesse de courir çà & là, comme si tu étois agité par un tourbillon. Il y a encore un autre abus à éviter : C'est que la plûpart des actions de ceux qui travaillent le plus en ce Monde, ne sont qu'une laborieuse oisiveté, & des niaiseries d'enfant, parce qu'ils n'ont pas un but certain auquel ils dirigent toutes leurs pensées & tous leurs efforts. *Du Liv. ij. n. vij.*

VI. L'ame de l'homme se deshonore en plusieurs manieres, dont voici les principales. Elle se deshonore lorsqu'elle devient comme une espece d'abcès, & d'enflure dans le corps du Monde ; car d'être fâchée de ce

---

(*a*) Les manieres flateuses & molles, l'orgueil & l'enflure.

qui arrive, c'est se retirer & se séparer de la nature universelle, qui comprend & enferme en elle-même toutes les natures de tous les Estres particuliers. Elle se deshonore, quand elle a de l'aversion pour quelqu'un, & qu'elle va contre lui pour lui nuire, comme cela arrive dans la colere. Elle se deshonore, lorsqu'elle se laisse vaincre par la volupté & par la douleur. Elle se deshonore, lorsqu'elle use de dissimulation, & que dans ses paroles, ou dans ses actions, elle employe la feinte ou le mensonge. Elle se deshonore, lorsqu'elle ne rapporte à aucun but ses actions, ni ses mouvemens, mais qu'elle agit témérairement, sans dessein & sans suite : Car jusqu'aux moindres choses tout doit être rapporté à une fin. Or la fin que tout homme raisonnable doit se proposer, c'est de suivre la raison, & les loix de cet univers qui est la plus ancienne des Villes & des Républiques. *Du Liv. ij. n. xvj.*

VII. Que personne ne t'entende

Défauts à éviter. CH. XVI. 125
blâmer la vie de la Cour, & sur cela ne t'écoute pas toi-même. *Du Liv. viij. n. ix.*

VIII. Recevoir sans orgueil, & rendre sans peine (*a*). *Du Liv. viij. n. xxxv.*

IX. Il ne faut jamais être lâche dans ses actions; turbulent ou inquiet dans le commerce du Monde; incertain & vague dans ses opinions; opiniâtre & précipité dans ses jugemens; ni enfin trop occupé de ses emplois & de ses affaires. *Du Liv. viij. n. liiij.*

X. Dès que tu es éveillé, demande-toi s'il t'importe beaucoup qu'un autre fasse ce qui est bon & juste, & tu trouveras qu'il ne t'importe nullement. *Du Liv. x. n. xvj.*

XI. Ceux qui se méprisent les uns les autres, qui se flatent les uns les autres, & qui veulent se surpasser les uns les autres, sont toujours soumis les uns aux autres. *Du Liv. xj. n. xv.*

(*a*) Les dignitez, les applaudissemens, les remercimens.

L iij

XII. Quelle horreur & quelle fausseté de dire : *J'ai résolu d'agir franchement avec vous.* Que veux-tu faire, mon ami ! il n'étoit nullement nécessaire de faire ce préambule ; la chose parlera assez d'elle-même ; il faut qu'elle soit écrite sur ton front, & qu'on lise dans tes yeux ce que tu as dans l'ame, comme un amant lit toutes choses dans les yeux de sa maîtresse. En un mot, il faut qu'un honnête homme, un homme franc, soit comme celui qui sent mauvais, & que ceux qui en approchent sentent d'abord ce qu'il est. Une franchise affectée est un poignard caché. Il n'y a rien de plus horrible que cette amitié de loup : Evite cela sur toutes choses. L'honnêteté, la franchise, & la bonté paroissent dans les yeux de ceux qui les ont ; ils ne sçauroient les cacher. *Du Liv. xj. n. xvj.*

XIII. C'est être bien ridicule & bien étranger dans le Monde, que de s'étonner de quoi que ce soit. *Du Liv. xij. n. xiij.*

CHAPITRE XVII.

Sur la volupté & la colere.

I. Theophraste, dans la comparaison qu'il a fait des pechez, autant qu'il est possible de les comparer, en suivant les vûës generales, décide en grand Philosophe, que ceux qui viennent de la concupiscence sont plus grands que ceux qui viennent de la colere : Car celui que la colere fait agir semble resister à sa raison malgré lui, & avec une secrete douleur ; mais celui qui obéit à sa concupiscence, vaincu par la volupté, paroît plus intemperant & plus effeminé dans ses fautes. C'est donc avec beaucoup de raison, & avec une verité qui fait honneur à la Philosophie, qu'il a ajouté que le crime qu'on fait avec plaisir est plus grand & plus punissable que celui qu'on fait avec douleur & avec tristesse. En effet, celui qui est en colere ressemble beaucoup plus à un homme qui a reçu quelque offense, & que sa douleur force à se vanger; au lieu que le voluptueux se porte de son propre mouvement à l'injustice pour assouvir sa passion. *Du Liv. ij. n. x.*

II. La volupté n'est-elle pas commune aux voleurs, aux débauchez, aux parricides & aux tyrans? *Du Liv. vj. n. xxxiiij.*

III. Le repentir n'est qu'un blâme qu'on se donne à soi-même d'avoir negligé quelque chose d'utile. Qui dit *utile*, dit un bien & une chose qui doit faire le soin d'un homme de bien & d'un honnête homme. Or il n'y a point d'honnête homme qui se repente d'avoir negligé une volupté: Donc la volupté ne peut être ni un bien, ni une chose utile. *Du Liv. viij. n. x.*

IV. Je ne vois dans l'animal raisonnable aucune vertu qui soit opposée à la justice; mais j'y en vois une qui est opposée à la volupté: c'est la temperance. *Du Liv. viij. n. xlj.*

V. La colere est entierement contre la nature, & il est aisé d'en être convaincu si l'on prend garde que lorsqu'elle revient souvent & qu'on s'en fait une *habitude*, elle change tout le visage, éteint & amortit si bien toute sa beauté, qu'il n'en reste plus aucune marque, & qu'elle ne revient plus. *Du Liv. vij. n. xxv*.

VI. Souviens-toi quel étoit *Socrate*, lorsque sa femme ayant emporté ses habits, il ne trouva qu'une peau pour se couvrir, & de tout ce qu'il dit à ses amis qui avoient honte de le voir en cet état, & qui s'enfuyoient. *Du Liv. xj. n. xxix*.

VII. En general le vice ne nuit point au Monde, & en particulier il ne nuit qu'à celui-là seul qui est le maître de s'en défaire quand il voudra. *Du Liv. viij. n. lix*.

CHAPITRE XVIII.

Contre la vaine gloire.

I. Celui qui est ébloui par l'éclat de la réputation qu'il laissera après sa mort, ne se souvient pas que ceux qui parleront de lui mourront bientôt eux-mêmes; que ceux qui viendront ensuite mourront aussi; & toujours de même jusqu'à ce que sa mémoire passant successivement par des hommes entêtez, & qui meurent en admirant, soit entierement abolie. Mais supposons que ceux qui te loüeront soient immortels, & que ta réputation soit immortelle: A quoi cela sert-il, je ne dis pas quand tu es mort, mais pendant tout le tems même que tu es en vie? Car qu'est-ce que la loüange seule & considerée sans une certaine utilité qui en revient? Renonce donc pendant qu'il est encore tems à ce vain present de la nature, pour t'attacher desormais à quelque chose de plus solide & de plus parfait. *Du Liv. iiij. n. xx.*

II. Tout ce qu'il y a de beau est beau par lui-même : Il renferme & contient en soi toute sa beauté, sans que la loüange en fasse aucune partie; la loüange donc ne rend ni pire ni meilleur ce qui est loüé. Ce que je dis-là s'étend sur toutes les choses qu'on appelle vulgairement belles, comme sur les choses materielles, & sur les ouvrages de l'art. En effet, tout ce qui est veritablement beau n'a besoin d'aucune autre chose, non plus que la foi, la verité, la charité, & la modestie. Car qu'y a-t-il là que la loüange embellisse, ou que le blâme puisse gâter ? Une émeraude pour n'être pas loüée en est-elle moins belle ? N'en est-il pas de même de l'or, de l'yvoire, de la pourpre, d'une épée, d'une fleur & d'un arbrisseau ? *Du Liv. iiij. n. xxj.*

III. Les mots qui étoient anciennement en usage sont presentement inconnus, & ont befoin d'explication. Il en eft de même des noms des plus grands Hommes des fiécles paffez, comme *Camille*, *Céfon*, *Volefus*, *Leonatus*, & quelque tems après, *Scipion* & *Caton*, enfuite *Augufte* même, & après cela encore *Adrien* & *Antonin*. Ils ont befoin de commentaires qui apprennent ce qu'ils ont été. Car toutes chofes font caduques & périffables. Elles deviennent fabuleufes dans un moment, & bientôt après elles font enfevelies dans un profond oubli. Quand je dis cela, je parle de ceux qui ont paru avec le plus d'éclat, & dont la gloire a attiré les yeux de tout le monde : Car pour les autres, dès qu'ils ont expiré ils font oubliez entierement, & on n'en parle en aucune maniere. Mais, quand même la réputation feroit immortelle, que feroit-ce ? Pure vanité. Qu'y a-t-il donc à quoi nous devions nous appliquer, & qui merite tous nos foins ? Ceci feulement : D'avoir l'ame jufte, de faire de bonnes actions, c'eft-à-dire, des actions utiles à la societé ; de ne pouvoir dire que la verité, & d'être toujours en état de recevoir ce qui nous arrive, & de l'embrasser comme une chose necessaire, connuë, & qui vient de la même source & du même principe que nous. *Du Liv. iiij. n. xxxv.*

IV. Alexandre le Grand & son Muletier ont été réduits au même état après leur mort : Car ils sont rentrez dans les premiers principes de cet univers; ou bien ils ont été également dissipez en atômes. *Du Liv. vj. n. xxv.*

V. Tout passe dans un moment, & ce qui celébre, & ce qui est celébré. *Du Liv. iiij. n. xxxvij.*

VI. Que veulent dire les hommes? Ils refusent leurs loüanges à ceux qui vivent en même-tems qu'eux, & ils désirent avec empressement d'être loüez de ceux qui vivront après, & qu'ils ne verront jamais. C'est comme si nous nous affligions de n'avoir pas été loüez de ceux qui sont morts long-tems avant que nous foyions venus au Monde. *Du Liv. vj. n. xviij.*

VII. Combien y a-t-il eu de gens des plus célébres qui font déja dans l'oubli ? Et combien y en a-t-il eu de ceux qui les ont le plus celébrez qui font effacez de la mémoire des hommes ?. *Du Liv. vij. n. vij.*

VIII. Sur la Gloire. Examine bien les penfées d'un ambitieux ; ce qu'elles font ; ce qu'elles recherchent, & ce qu'elles fuyent : Et fais cette réflexion, que comme quand la mer jette des monceaux de fable les uns fur les autres, les derniers cachent les premiers, il en est de même de la vie de l'ambitieux ; fes premiers fuccès font bientôt cachez & enfevelis fous les derniers. *Du Liv. vij. n. xxxvj.*

IX. Penfe souvent en toi-même qui font ceux dont tu veux être loüé & estimé, & quel est leur esprit : Car en pénetrant ainfi dans les fources de leurs jugemens & de leurs actions, tu ne brigueras nullement leurs fuffrages, & tu ne t'offenferas point des fautes qu'ils commettront contre toi, puisqu'elles seront toutes involontaires. *Du Liv. vij. n. lxiiij.*

X. Quand tu as fait du bien, & qu'un autre l'a reçu, pourquoi cherches-tu comme les fous, une troisiéme chose qui est la réputation. *Du Liv. vij. n. lxxvij.*

XI. Celui qui loüe & celui qui est loüé; le Panégyriste & le Héros n'ont tous deux qu'une vie très-courte. D'ailleurs le bruit de ces loüanges ne retentit que dans un petit coin du Monde. Tous les hommes n'en sont pas d'accord entr'eux, & pas un n'en est bien d'accord avec soi-même. Enfin toute la terre n'est qu'un point. *Du Liv. viij. n. xxij.*

XII. Que fais-tu donc dans cette Tribune aux Harangues, avec tous tes beaux discours & tes oraisons funébres, mon ami? Ne te souviens-tu plus de ce que c'est? *Je m'en souviens fort bien; mais je vois que ces choses plaisent aux hommes, & qu'elles font un des objets de leurs soins.* Faut-il donc que tu fois fou, parce qu'ils le font? N'est-ce pas assez de l'avoir été? *Du Liv. v. n. xxxviij.*

XIII. *Panthée* & *Pergame* font-ils encore assis sur le tombeau de leur Maître? *Cabrias* & *Diotime* pleurent-ils encore sur celui d'*Adrien*? Cela est ridicule : Et quand ils y seroient encore, ces morts le sentiroient-ils? Et s'ils le sentoient, s'en rejoüiroient-ils? Et s'ils s'en rejoüissoient, cela rendroit-il ceux-ci immortels? N'est-ce pas aussi leur destinée de vieillir & de mourir ensuite? Et quand ceux-ci seroient morts, que deviendroient donc les autres? Tout n'est que puanteur, & pourriture au fond du sac. *Du Liv. viij. n. xxxix.*

XIV. Donne-toi desormais le tems present. Ceux qui se tourmentent à remplir de leur gloire toute la posterité, ne songent pas que ceux qui leur succederont seront semblables à ceux avec lesquels ils vivent, & qu'ils ne peuvent souffrir. Ils ne songent pas que tous ces gens-là mourront comme

me eux. Que t'importe donc qu'ils chantent tes loüanges, ou qu'ils ayent de toi telle ou telle opinion? *Du Liv. viij. n. xlvj.*

XV. Il faut regarder d'en haut ces millions de troupeaux; cette varieté infinie de ceremonies dans la Religion; ces differentes navigations dans la tempête & dans la bonace; toutes les differences des choses qui sont, qui arrivent, & qui passent: Il faut considerer aussi la vie de ceux qui ont vécu avant nous, celle de ceux qui vivront après, & celle des peuples qui vivent presentement dans les Nations barbares; & se dire à soi-même: Combien y a-t-il de gens dans le Monde, qui ne connoissent pas même ton nom! combien y en aura-t-il qui l'oublieront en peu de tems! & parmi ceux qui te connoissent & qui te loüent presentement, combien s'en trouvera-t-il qui te blâmeront bientôt! Enfin il faut se persuader que ni la memoire de notre nom, ni la gloire, ni rien de tout ce que l'on voit ici bas, n'est digne de nos soins, ni de notre estime. *Du Liv. ix. n. xxxij.*

CHAPITRE XIX.

Sentimens humbles & moderez.

I. TU es esclave ; il ne t'appartient pas de parler. *Du Liv. xj. n. xxxj.*

II. Tu te deshonores, mon ame ; tu te deshonores ; cependant tu n'auras pas toujours le tems de t'honorer toi-même ; car la vie de chacun s'enfuit, & la tienne s'est presqu'entierement écoulée, pendant que tu negliges d'avoir du respect pour toi, & que tu fais consister ta felicité dans les jugemens des autres. *Du Liv. ij. n. vj.*

III. Je marche par le secours de la nature jusqu'à ce que je me repose, en rendant l'esprit à celui de qui je l'ai reçu, & en tombant dans le même lieu d'où mon pere & ma mere ont tiré le sang dont ils m'ont formé, & ma nourrice le lait dont elle m'a nourri, & qui me fournit tous les jours depuis tant d'années les biens dont j'ai besoin; dans ce lieu enfin que je foule aux pieds, & dont j'ai abusé en tant de manieres. *Du Liv. v. n. iiij.*

IV. Souviens-toi de toute la nature dont tu ne fais qu'une très-petite portion, & de tout le tems dont il ne t'a été assigné qu'un moment fort court, & du destin dont tu n'es qu'une fort petite partie. *Du Liv. v. n. xxv.*

V. Tout ce que je suis, c'est un peu de chair, un peu d'esprit & une ame. Quitte donc les Livres, ne te travailles point tant, tu n'en as pas le loisir; mais reconnoissant que tu commences déja à mourir, n'aye que du mépris pour cette chair qui n'est qu'un peu de sang mêlé avec de la poussiere, des os, une peau, & un tissu de veines, de nerfs & d'arteres. Considere ensuite ce que c'est que tes esprits: Un vent qui n'est pas toujours le même, & que l'on attire & rejette

M ij

incessamment par la respiration. Il ne reste que la troisiéme partie qui est l'ame. Fais donc ces réflexions. Tu es vieux, ne souffre plus qu'elle soit esclave; ne souffre plus qu'elle soit emportée par des mouvemens contraires à sa nature, comme une Marionette, & remuée par des ressorts étrangers. Ne souffre plus qu'elle se fâche de ce que les destinées lui ont envoyé, ni qu'elle veuille éviter ce qu'elles lui préparent. *Du Liv. ij. n. ij.*

VI. Ne peus-tu te rendre recommendable & te faire admirer par ton esprit ? A la bonne heure. Mais il y a plusieurs autres choses sur lesquelles tu ne sçaurois dire : *Je ne suis pas propre à cela.* Fais donc paroître ce qui dépend uniquement de toi, la sincerité, la gravité, la douceur, la patience dans le travail, la haine des voluptez; sois content de ta condition; aye besoin de peu; fuis le luxe, la bagatelle & les vains discours; aye l'ame saine, libre & grande. Ne vois-

& moderez. Ch. XIX.

tu pas que pouvant t'élever par tant de vertus, sans avoir aucun prétexte d'incapacité naturelle, tu demeures pourtant dans la bassesse, parce que tu le veux? Si la nature ne t'a pas été favorable, est-ce une raison qui doive t'obliger de murmurer; d'être avare, inconstant, flateur, boufon; d'accuser & de maudire ton corps, & d'avoir toujours l'ame incertaine & flotante? Non, en verité. Il y a long-tems que tu pourrois t'être délivré de ces foiblesses: Et si tu te connoissois pesant & de dure conception, il falloit tâcher de guerir ce défaut par le travail & par l'exercice, & ne pas s'y complaire & te negliger. *Du Liv. v. n. v.*

VII. Si quelqu'un peut me reprendre, & me faire voir que je prens mal une chose, ou que je la fais mal, je me corrigerai avec plaisir: Car je cherche la verité qui n'a jamais blessé personne; au lieu qu'on se trouve toujours mal de persister dans son ignorance & dans son erreur. *Du Liv. vj. n. xxj.*

VIII. Si l'on perd tout le sentiment de ses fautes, pourquoi vit-on plus long-tems ! *Du Livre vij. n. xxvj.*

IX. Dieu, tout immortel qu'il est, ne se fâche point d'avoir à supporter pendant une si longue suite de siécles un nombre infini de méchans; au-contraire il a soin d'eux en toutes manieres ; & toi qui vas bientôt mourir, tu es las de les supporter, & cela, quoique tu sois toi-même du nombre. *Du Liv. vij. n. lxxiv.*

X. Quand tu voudras te réjouïr, pense aux vertus de tes contemporains ; à la valeur de celui-ci, à la modestie de celui-là, à la liberalité d'un autre, & ainsi du reste : Car il n'y a rien de plus rejouïssant que l'image des vertus, qui éclatant dans les mœurs, & dans les actions de ceux avec qui nous avons à vivre, sautent en foule à nos yeux. C'est pourquoi il faut les avoir toujours presentes. *Du Liv. vj. n. xlviij.*

XI. C'est une chose très-ridicule :

Tu peux empêcher ta propre malice, & tu la souffres: Tu ne peux empêcher la malice des autres, & tu ne veux pas la souffrir. *Du Liv. vij. n. lxxv.*

XII. Tu merites tous les malheurs qui t'arrivent; parce que tu aimes mieux remettre à demain à devenir honnête homme, que de l'être aujourd'hui. *Du Liv. viij. n. xxiiij.*

XIII. La comedie du Monde, la guerre, la frayeur, la paresse, ou l'esclavage effaceront peut-être dans un seul jour toutes ces saintes maximes de ton esprit. *Du Liv. x. n. ix.*

CHAPITRE XX.

Contre la paresse.

1. LE matin quand tu as de la peine à te lever, qu'il te vienne incontinent dans l'esprit : Je me leve pour faire l'ouvrage d'un homme ; suis-je donc encore fâché d'aller faire une chose pour laquelle je suis né, & pour laquelle je suis venu dans le Monde ? N'ai-je donc été formé que pour me tenir bien chaudement étendu dans mon lit ? *Mais cela fait plaisir.* Tu es donc né pour te donner du plaisir, & non pas pour agir & pour travailler ? Ne vois-tu pas les plantes, les oiseaux, les araignées, les abeilles : Elles travaillent sans relâche à orner & à embellir leur état ; & toi tu negliges d'embellir le tien ; tu ne cours point aux choses ausquelles la nature t'a destiné. *Mais aussi,* me diras-tu, *l'on a besoin de quelque*

quelque repos. Je l'avouë; mais la nature a mis des bornes à ce repos, comme elle en a mis au manger & au boire; & toi tu passes ces bornes, tu vas au-de-là de ce qui te suffit; & au-contraire dans le travail tu demeures toujours en deça. Cela vient de ce que tu ne t'aimes pas toi-même: Car si tu t'aimois, tu aimerois ta propre nature, & tu obéirois à ses ordres. Tous les autres Ouvriers qui aiment leur Métier séchent & maigrissent sur leur travail; ils en perdent le boire & le manger; ils passent leur vie sans se baigner; & toi tu fais moins de cas de ta nature, qu'un Tourneur n'en fait de son Art; un Danseur, de sa danse; un Avare, de son argent; & un Ambitieux, de sa vaine gloire; car tous ces gens-là, dès qu'ils sont une fois dans la passion, ils ne songent plus tant à manger ni à dormir, qu'à acquerir & à augmenter ce qu'ils aiment. Les actions qui vont au bien de la societé te paroissent-elles donc plus méprisables & moins dignes de tes soins? *Du L. vj. n. j.*

II. Quand tu es fâché de te lever matin, souviens-toi que tu es né pour faire des actions utiles à la societé, & que c'est ce que la nature de l'homme demande. Le dormir est commun à tous les animaux sans raison ; or ce qui est selon la nature de chaque chose lui est bien plus propre, plus agréable & plus familier. *Du Liv. viij. n, xij.*

CHAPITRE XXI,

Contre le respect humain.

I. CRoi que tu dois faire & dire tout ce qui est digne de toi, & selon ta nature, sans te mettre en peine du reproche & du blâme que cela pourra t'attirer. Si une chose est bonne à faire ou à dire, rien ne doit t'en empêcher. Ceux qui te blâmeront auront leurs vûës particulieres, & suivront leurs propres mouvemens. Tu n'y dois point faire d'attention ;

mais aller tout droit, en suivant ta propre nature & celle du Monde; car pour l'un & pour l'autre, il n'y a qu'un même chemin. *Du Liv. v. n. iij.*

II. Il ne faut point s'écarter, ni se laisser emporter au torrent, mais il faut suivre toujours la justice dans ses mouvemens, & la verité dans ses opinions. *Du Liv. iiij. n. xxiiij.*

III. Ne vois-tu pas que quoique les Artisans cedent à certains ignorans jusqu'à un certain point, ils ne laissent pas de suivre toujours les regles de leur Art, & ne peuvent se resoudre à s'en éloigner. Eh! n'est-ce pas une chose horrible qu'un Architecte & un Medecin ayent plus de respect pour leur Art, que l'homme n'en a pour le sien, qui lui est commun avec les Dieux? *Du Liv. vj. n. xxxv.*

IV. Quoiqu'on fasse & qu'on dise, il faut que je sois homme de bien; comme si l'or, la pourpre, & une émeraude disoient: *Quoiqu'on dise*

& qu'on fasse, il faut que je sois de l'or, de la pourpre, & une émeraude, & que je conserve toujours ma couleur. Du Liv. vij. n. xvj.

V. Celui qui ne sçait pas qu'il y a un Monde, ne sçait où il est; & celui qui ne sçait pas pourquoi il est créé, ne sçait ni quel est le Monde, ni ce qu'il est lui-même. Celui à qui l'une ou l'autre de ces deux connoissances manque, ne sçauroit rendre raison de lui-même, ni dire pourquoi il est né. Que te semble donc de celui qui craint & blâme, & qui désire les loüanges de ces sortes de gens qui la plûpart ne sçavent ni où ils sont, ni ce qu'ils sont? *Du Liv. viij. n. lvj.*

VI. Tu veux être loüé d'un homme qui se maudit lui-même trois fois dans une heure. Tu veux plaire à un homme qui se déplaît à lui-même; car celui-là peut-il se plaire qui se repent presque de tout ce qu'il fait? *Du Liv. viij. n. lvij.*

VII. Entre bien dans l'interieur des hommes; examine-les; & tu verras quels Juges tu crains, & quels jugemens ils font d'eux-mêmes. *Du Liv. ix. n. xviij.*

VIII. Sonde bien leur esprit; penetre leurs pensées; & voi ce qu'ils désirent, & ce qu'ils craignent. *Du Liv. iiij. n. xl.*

IX. Examine bien quel est l'esprit de ces gens-là; quelles occupations ils ont; quelles sont les choses par lesquelles on peut attirer leur amour & leurs respects. Enfin regarde leurs âmes toutes nuës, & voi que quand elles prétendent servir par leurs loüanges, & nuire par leurs satyres, c'est une pure vanité. *Du Liv. ix. n. xxxvj.*

X. Les hommes blâment la vertu à tort & à travers, & tâchent de la décrier par leur vain babil ; mais mon coeur n'en fait que rire. *Du Liv. xj. n. xxxij.*

XI. Je me suis souvent étonné comment les hommes qui s'aiment toujours plus eux-mêmes qu'ils n'aiment les autres, font pourtant plus d'état de l'opinion des autres que de la leur. En effet, si un Dieu venoit à paroître tout d'un coup, ou un sage Précepteur, & qu'il leur ordonnât de ne rien penser en eux-mêmes qu'ils ne disent en même-tems, il n'y en a pas un seul qui pût supporter un jour entier une si rude contrainte; tant il est vrai que nous avons bien plus de honte de ce que les autres pensent de nous, que de ce que nous pensons nous-mêmes. *Du Liv. xij. n. iiij.*

CHAPITRE XXII.

Des obstacles à faire le bien.

I. Quand tu fais ton devoir, ne t'informe point si tu as froid ou chaud; si tu es accablé de sommeil, ou si tu as bien dormi; si l'on parle bien ou mal de toi; si tu meurs, ou si tu fais quelqu'autre chose: car la mort est aussi une des actions de notre vie, & dans celle-là, comme dans toutes les autres, il suffit de bien faire ce qu'on fait. *Du Liv. vj. n. ij.*

II. En un sens l'homme nous doit être fort cher, en tant que nous sommes obligez de lui faire du bien & de le souffrir. Mais comme il y en a plusieurs qui nous empêchent de faire les actions qui nous sont les plus propres, en ce sens-là l'homme devient pour moi une de ces choses indifferentes, comme le soleil, le vent, les bêtes, qui ont aussi la force d'empêcher une action, mais qui n'en sçautoient empêcher ni l'intention ni le dessein à cause de l'exception que nous avons faite, en formant ce dessein, & du changement auquel nous avons recours : Car notre pensée change & convertit d'abord en ce que nous avions dessein de faire, ce qui nous empêche de le faire : Desorte que l'obstacle même devient la matiere & le sujet de notre action; & ce qui nous fermoit le chemin devient le chemin. *Du Liv. v. n. xx.*

III. Tu peux vivre ici dès-aujourd'hui, comme tu peux vivre quand tu seras près de mourir. Que si on t'en empêche, alors il t'est permis de cesser de vivre. Mais ne meurs point, comme ayant reçu quelqu'injure ou quelque mal. Sors de la vie comme on sort d'une chambre où il y a de la fumée : *Il y fume, je m'en vais.* Penses-tu que ce soit si grande chose ? Pendant que rien ne m'oblige à me retirer, je demeure libre ; personne ne m'empêchera de faire ce que je veux ; & je veux ce que demande la nature d'un animal raisonnable, & né pour la société. *Du Liv. v. n. xxx.*

IV. Tâche de persuader les hommes ; & si cela ne se peut, fais malgré eux ce que la justice demande de toi. Si l'on employe la force pour t'en empêcher, souffre-le avec douceur, ne t'en afflige point, & convertis cet obstacle en une occasion d'exercer une autre vertu ; car tu dois te souvenir que tu n'entreprens rien qu'avec exception, & que tu ne désires pas l'impossible. Que désires-tu donc ? De te porter à faire un tel bien ! Tu t'y es porté : N'en désire pas davan-

rage. Quand nous avons contribué de tout ce qui dépendoit de nous, nous devons tenir pour fait tout ce que nous avons eu deſſein de faire. *Du Liv. vj. n. l.*

V. Perſonne ne t'empêchera de vivre ſelon les loix de ta propre nature, & il n'arrivera rien qui ſoit contre les loix de la nature univerſelle. *Du Liv. vj. n. lviij.*

VI. Tous les obſtacles qui empêchent le ſentiment & le mouvement ſont contraires à la nature animale. Ceux qui empêchent la vegetation ſont contraires à la nature des plantes; & ceux qui empêchent l'eſprit ſont contraires à la nature raiſonnable. Fais-toi à toi-même l'application de toutes ces veritez. Es-tu chatouillé par la volupté, ou tourmenté par la douleur? C'eſt l'affaire du ſentiment; qu'il y prenne garde. S'oppoſe-t-on à tes volontez & à tes déſirs? Si tu as formé ces déſirs ſans exception, cet obſtacle eſt aſſurement contraire à la nature raiſonnable: Mais ſi tu t'es proposé tous les accidens qui pouvoient arriver, & qui arrivent d'ordinaire, il n'y a point encore-là d'obstacle pour toi; car nul autre que toi-même ne peut empêcher, ni retenir les mouvemens de ton esprit; ni le fer, ni le feu, ni les tyrans, ni la calomnie; rien enfin n'en peut approcher, quand il est bien recueilli & ramassé en lui-même, & qu'il est, pour ainsi dire, parfaitement rond. *Du Liv. viij. n. xliij.*

VII. Qu'est-ce qu'on peut dire ou faire de mieux sur cette matiere ? Quoi que ce puisse être, il est en ton pouvoir de le dire ou de le faire. N'allegue point pour excuse que tu en es empêché. Tu ne cesseras de gémir & de te plaindre que quand tu te seras mis en état de faire, dans toutes les occasions qui se presenteront, tout ce qui est propre & convenable à la nature de l'homme, avec le même plaisir que le voluptueux trouve dans le luxe & dans les délices. Car tout ce que tu peux faire selon ta propre nature, tu dois le regarder & l'embrasser comme la joüissance d'un très-grand bien. Or, en tout tems & en tous lieux, il dépend de toi d'agir de cette maniere. Un cylindre, le feu, l'eau, & toutes les autres choses qui sont régies par une nature & par une ame privée de raison, ne peuvent pas toujours conserver le mouvement qui leur est propre, car elles trouvent souvent des obstacles sur leur chemin. Mais il n'en est pas ainsi de l'ame ou de la raison: Elle continuë toujours son essor selon son essence, & comme il lui plaît, au travers de toutes les difficultez qui s'opposent à son passage. Mets toi donc bien devant les yeux cette facilité avec laquelle la raison perce & surmonte tous les obstacles, comme le feu se porte en haut, comme une pierre descend en bas, & comme un cylindre roule sur un lieu penchant; & n'en demande pas davantage. Car tous les autres empêchemens que tu pourras trouver, ou ils viendront de ce cadavre que tu traînes, ou bien ils ne pourront te nuire, ni te faire aucun mal sans le secours de ton opinion, & sans la permission de ta raison même. Autrement celui qui les souffriroit deviendroit tout aussitôt méchant. Veritablement pour tous les autres ouvrages de l'art ou de la nature, dès que le moindre malheur arrive, ils sont gâtez & ne sont plus de même prix : Mais ici on peut dire tout le contraire, & assurer que l'homme qui se sert bien des accidens qui le traversent, en devient & plus estimable & meilleur. Enfin souviens-toi qu'aucune chose ne nuit au Citoyen, quand elle ne peut nuire à la Ville ; & qu'elle ne peut nuire à la Ville, quand elle ne nuit point à la Loi. Or ce qu'on appelle des malheurs & des infortunes ne nuit point à la Loi, & ne nuisant point à la Loi, il ne sçauroit par conséquent nuire ni au Citoyen, ni à la Ville. *Du Liv. x. n. xxxviij.*

VIII. Quand tu suis la droite raison, il n'est pas au pouvoir de ceux qui s'y opposent de t'empêcher de faire une bonne action. Il ne faut pas non plus qu'ils puissent t'arracher la douceur & l'affection que tu dois avoir pour eux. Demeure ferme dans ces deux dispositions. Poursui ton chemin & ton choix, & continuë d'avoir la même bonté pour ceux qui te traversent & qui te chagrinent. Car ce n'est pas une marque moins grande de foiblesse de se fâcher contr'eux, que de renoncer à son entreprise & que de se décourager. Celui qui se rebute, en se laissant épouvanter, & celui qui perd les sentimens d'affection & d'humanité qu'il doit avoir pour les hommes, que la nature lui a donnez pour parens & pour amis, sont également déserteurs & quittent également leur poste. *Du Liv. xj. n. x.*

IX. Parce qu'une chose est difficile pour toi, ne t'imagine pas qu'elle soit impossible à un autre. Mais tout ce qui est facile & possible à un autre, sois persuadé qu'il n'est pas impossible pour toi. *Du Liv. vj. n. xix.*

X. Que le pouvoir de l'homme est grand! Il dépend toujours de lui de ne faire que ce qui est agréable à Dieu, & de recevoir avec soumission & avec joye tout ce qu'il plaît à Dieu de lui envoyer. *Du Liv. xij. n. j.*

CHAPITRE XXIII.

Sur les troubles interieurs.

I. Sois semblable à un rocher que les ondes de la mer battent incessamment. Il demeure toujours ferme, & méprise toute la fureur des flots. *Que je suis malheureux qu'une telle chose me soit arrivée!* Dis plutôt: Que je suis heureux que cela m'étant arrivé, je demeure pourtant inaccessible à la tristesse, & que je ne sois ni blessé de cet accident, ni épouvanté de toutes les choses dont il me menace. La même chose pouvoit arriver à tout autre comme à moi; mais peut-être qu'un autre ne l'auroit pas supporté de même. Pourquoi donc appelles-tu plutôt cet accident un malheur, que tu n'appelles un bonheur extrême la disposition où tu es? Appelles-tu un malheur de l'homme, ce qui n'est nullement contraire à la nature de l'homme? Ou crois-tu qu'une chose puisse être contraire à la nature de l'homme, quand elle ne vient ni contre ses ordres, ni contre sa volonté? Quelle est donc sa volonté? Tu l'as assez apprise. Cet accident, dont tu te plains, peut-il t'empêcher d'être juste, magnanime, temperant, sage, éloigné de la témérité, ennemi du mensonge, toujours modeste, libre, & d'avoir toutes les autres vertus dans lesquelles la nature trouve tout ce qui lui est propre? Desormais donc dans tous les accidens qui pourroient te porter à la tristesse, souviens-toi de cette verité, que ce qui t'arrive n'est point un malheur, mais que c'est un bonheur insigne de le supporter courageusement. *Du Liv. iiij, n. lv.*

II. Chasse l'opinion, & tu as chassé

cette plainte importune, *je suis perdu!* Or cette plainte étant chassée, le mal ne subsiste plus. *Du Liv. iiij. n. vij.*

III. Si tu peux t'empêcher de juger de tout ce qui te paroît fâcheux, te voilà dans un azile assuré. A qui parles-tu ? *A mon ame.* Mais est-ce que je suis seulement une ame ? *Je conviens que je suis aussi autre chose.* Que mon ame donc ne se trouble point elle-même, & si le reste se trouve mal, qu'il en juge. *Du Liv. viij. n. xlij.*

IV. Qu'il est aisé de chasser & d'effacer entierement toute imagination fâcheuse & triste, & de se remettre d'abord dans une parfaite tranquilité. *Du Liv. v. n. ij.*

V. Si ce n'est point par ma méchanceté, ni par aucun effet de cette méchanceté qu'une telle chose arrive, & que la societé n'en soit point blessée, pourquoi me tourmenter ? En quoi la societé peut-elle être blessée ? *Du Liv. v. n. xxxvj.*

VI. Quand les choses qui t'environnent te forcent à te troubler, reviens

viens à toi au plus vîte, & ne sors pas de cadence plus que la necessité ne le veut. Le moyen de s'affermir dans cette sorte d'harmonie & de cadence dont je parle, c'est d'y rentrer toujours. *Du Liv. vj. n. xj.*

VII. Je fais ce qui est de mon devoir, & toutes les choses du Monde ne sçauroient ni m'inquieter ni me troubler; car ce sont ou des choses inanimées, ou des choses destituées de raison, ou des choses qui errent dans les principes, & qui ne connoissent pas le bon chemin. *Du Liv. vj. n. xxij.*

VIII. Reveille-toi; rappelle tes esprits, & reconnois que ce qui te trouble n'est qu'un songe. Reveille-toi encore, & fais de tous les accidens de la vie le même jugement que tu as fait de ce songe. *Du Liv. vj. n. xxxj.*

IX. On peut s'empêcher de juger d'une telle chose & d'en être troublé: Car les choses n'ont point par elles-mêmes la vertu de nous forcer à juger d'elles. *Du Liv. vj. n. lij.*

O

X. Comment veux-tu te défaire de tes opinions, si tu n'éteins cette imagination qui les produit, & que tous les objets peuvent enflammer à tous momens ? Je puis juger comme il faut d'une chose ; & si je le puis, pourquoi donc me troubler ? Tout ce qui est hors de mon esprit ne peut rien sur mon esprit. Pense toujours de même, & tu seras inébranlable à toute sorte d'accidens. *Du Liv. vij. n. ij.*

XI. Que les choses à venir ne te chagrinent point. Quand elles arriveront tu les recevras, s'il est nécessaire, avec la même raison dont tu te sers dans celles qui sont presentes. *Du Liv. vij. n. ix.*

XII. C'est une honte que notre esprit ait la force de composer notre visage comme il lui plaît, & qu'il ne puisse se composer lui-même. *Du Liv. vij. n. xxxix.*

XIII. *Ne te mets point en colere contre les affaires, car elles ne s'en soucient point* (a). Du Liv. vij. n. xl.

(a) Ceci est tiré du Bellerophon d'Euripide.

XIV. *L'honnêteté & la justice sont pour moi : Elles combattront toujours pour moi* (a). *Du Liv. vij. n. xliiij.*

XV. Dans chaque accident il faut se remettre devant les yeux ceux à qui la même chose est arrivée, & qui en ont été fâchez & surpris, & qui s'en sont plaints. Où sont presentement tous ces gens-là ? Nulle part. Veux-tu donc leur ressembler ? Laisse plutôt tous ces mouvemens étrangers, laisse-les aux sujets qui les donnent & qui les sentent, & applique-toi tout entier à apprendre comment il faut se servir des accidens qui t'arrivent ; car par ce moyen tu en feras un bon usage, & ils serviront de matiere à exercer ta vertu. Possede-toi seulement ; n'aye en vûe que de bien faire ce que tu fais, & souviens-toi que la matiere de tes actions est indifferente. *Du Liv. vij. n. lx.*

XVI. Notre vie ressemble bien

(a) C'est un vers d'Aristophane.

plus à l'exercice de la lutte qu'à celui de la danse; car elle demande qu'on se tienne toujours ferme, & qu'on soit bien préparé à tout ce qui arrive, & qu'on n'avoit pas prévu. *Du Liv. vij. n. lxiij.*

XVII. Quand tu en devrois mourir de dépit, ils n'en feront pas moins ce qu'ils ont accoutumé de faire. La premiere chose, c'est de n'en être point troublé; car tout arrive selon la nature de l'univers, & dans peu de tems tu ne seras nulle part, non plus qu'*Adrien* & *Auguste*. Après cela regarde la chose en elle-même; voy ce qu'elle est; & souviens-toi qu'il faut que tu sois homme de bien, que sans regarder un seul moment derriere toi, tu fasses ce que la nature de l'homme demande, & que tu dises toujours ce qui te paroît juste & vrai. Que tout se fasse seulement avec douceur, avec modestie, & sans aucune dissimulation. *Du Liv. viij. n. iiij & v.*

XVIII. Si cela dépend de toi, pourquoi le fais-tu? S'il dépend d'un autre, à qui t'en prens-tu ? Aux atômes ou aux Dieux ? L'un & l'autre est folie. Il ne faut s'en prendre à rien. Corrige la chose si tu le peux. Que te sert-il de t'en plaindre ? Il ne faut rien faire en vain. *Du Liv. viij. n. xvij.*

XIX. Chasse toutes tes imaginations, en te disant incessamment à toi-même : *Il dépend presentement de moi de faire qu'il n'y ait dans mon ame aucun vice, aucun désir, en un mot, aucun trouble ; mais en prenant chaque chose pour ce qu'elle est, je m'en sers comme il faut s'en servir.* Souviens-toi que la nature t'a donné ce pouvoir. *Du Liv. viij. n. xxxj.*

XX. Que l'idée de toute ta vie considerée en gros, ne te trouble point. Ne te tourmente point à prévoir tous les maux qui peuvent vraisemblablement t'arriver dans la suite ; mais à mesure qu'ils t'arriveront demande-toi à toi-même : *Cela est-il si insupportable ?* Tu auras honte de l'avoüer. D'ailleurs souviens-toi que le passé ni l'avenir ne sont point fâcheux

Il n'y a que le présent : Or le présent se réduit à peu de chose, si tu le regardes tout seul & en lui-même, & si tu fais des reproches à ton ame de succomber si lâchement sous un si petit fardeau. *Du Liv. viij. n. xxxviij.*

XXI. Pourquoi me ferois-je du mal à moi-même ? Je n'en ai jamais fait aux autres que malgré moi. *Du Liv. viij. n. xliiij.*

XXII. Une telle chose merite-elle que mon ame se trouble, & qu'elle devienne pire qu'elle n'est, en se rabaissant, en désirant, en se laissant abbattre & épouvanter ? Eh, que trouveras-tu qui le merite ? *Du Liv. viij. n. xlviij.*

XXIII. Si tu es troublé par quelque objet exterieur, ce n'est pourtant pas cet objet qui te trouble ; c'est l'idée que tu en as, & il dépend de toi de l'effacer. Si c'est quelque chose qui dépende de la disposition de ton esprit, pourquoi ne le corriges-tu, & ne le redresses-tu pas ? Qu'est-ce qui t'en empêche ? Il en est de même si tu es affligé de ne pas faire une telle action qui te paroît bonne. *Pourquoi ne la fais-tu pas, au lieu de t'affliger ? Un obstacle plus puissant m'en empêche.* Ne t'afflige donc pas, puisque la cause de cette privation n'est point en toi. *Mais je ne sçaurois vivre sans cela.* Sors donc de la vie tranquillement, & comme tu en sortirois si tu avois réussi. Mais n'oublie pas de *pardonner* à ceux qui t'ont fait obstacle. *Du Liv. viij. n. l.*

XXIV. C'est la faute d'un autre ? Ton devoir est de la laisser-là. *Du Liv. ix. n. xx.*

XXV. Tu as souffert une infinité de maux pour n'avoir pas voulu te contenter que ton esprit fît les choses pour lesquelles il a été créé. Mais c'est assez : *Ne fais plus la même chose.* Du Liv. ix. n. xxvj.

XXVI. Tu peux retrancher beaucoup de choses superfluës qui te troublent ; & qui consistent tout entieres dans ton opinion. Et le plus sûr moyen de te mettre au large, c'est de faire passer devant toi le Monde entier, comme en revûë, & surtout ton propre siécle ; de considerer séparément le changement soudain qui arrive à chaque chose en particulier, & de penser que tout le tems qui coule depuis qu'elle est formée jusqu'à ce qu'elle soit détruite, est très-court, & que comme celui qui précede sa naissance est infini, celui qui suivra sa mort le sera de même. *Du Liv. ix. n. xxxiiij.*

XXVII. Où tu vis dans ce lieu-là, & tu y es déja accoutumé : Où tu vas ailleurs, & c'est ce que tu demandes : Où tu meurs, & voilà ton ministere achevé. Il n'y a rien au-de-là (*a*). A ye donc bon courage. *Du Liv. x. n. xxvij.*

XXVIII. Quiconque s'enfuit de chez son Maître, est un Esclave fugitif : Notre Maître c'est la Loi : Quiconque donc transgresse la Loi est un

---

(*a*) Il n'y a point de quatriéme cas.

Fugitif.

Fugitif. Celui qui s'afflige, qui se fâche, ou qui craint, l'est tout de même : Car que veut-il ? Il veut, autant qu'il est en son pouvoir, s'opposer à ce qui est ordonné, & résolu par l'Esprit universel qui gouverne & qui regle tout. Or cet Esprit n'est autre que la Loi qui distribuë à chacun ce qui lui convient, & qui lui est propre : Donc celui qui craint, qui se fâche, & qui s'afflige, est un Esclave fugitif, car il s'oppose à la Loi. *Du Liv. x. n. xxx.*

XXIX. Si les choses, dont la crainte ou le désir te donnent de l'inquiétude, & troublent tout le repos de ta vie, ne viennent pas d'elles-mêmes jusqu'à toi, & si c'est toi proprement qui vas à elles, & que de leur côté elles demeurent immobiles, impose seulement silence à ton opinion qui en juge, & tu ne les désireras, ni ne les craindras. *Du Liv. xj. n. xij.*

XXX. Tout n'est qu'opinion, & l'opinion est en toi. Défais-t'en donc quand tu voudras ; & comme ceux qui ont doublé un cap, tu ne trouveras plus que tranquilité, que sureté, & tu voyageras comme dans un golfe doux & paisible. *Du Liv. xij, n. xxiij.*

XXXI. Chasse l'opinion, & te voilà sauvé : Or qui est-ce qui t'empêche de la chasser ? *Du Liv. xij, n. xxvij.*

XXXII. Quand tu es fâché de quelque chose, tu as oublié que tout arrive pour le bien de la nature universelle, & que les fautes des autres ne te regardent point ; que tout ce qui se fait a toujours été, & sera toujours, & est presentement partout de même ; qu'il y a entre les hommes une étroite liaison, & une parenté qui ne vient pas tant de la chair & du sang, que de ce qu'ils participent tous à une même ame. Tu as encore oublié que cette ame de chacun est un Dieu, & une émanation de la Divinité ; que rien n'est à nous en propre, mais que tes enfans, ton corps, & ton esprit viennent de Dieu ; que tout n'est qu'opinion; & enfin que le tems present est le seul dont chacun joüit, & qu'il puisse perdre. *Du Liv. xij. n. xxviij.*

XXXIII. Aujourd'hui je me suis mis hors de tout chagrin, & de toute inquiétude, ou plutôt j'ai mis tous mes chagrins & toutes mes inquiétudes dehors : Car ils n'étoient pas hors de moi, mais au dedans, c'est-à-dire, dans mes opinions. *Du Liv. ix. n. xiij.*

CHAPITRE XXIV.

Encouragemens à la vertu.

I. ORne-toi de simplicité & de modestie, & n'aye que de l'indifference pour tout ce qui n'est ni vice ni vertu. Aime les hommes, & t'accoutume à suivre Dieu; car, comme dit un grand Poëte : *Toutes choses sont gouvernées par une loi éternelle & invariable.* Que si les élemens font eux-mêmes les Dieux, cette loi est toujours certaine, & il n'y a presque rien qui en soit exempt. *Du Liv. vij. n. xxxiij.*

II. N'erre & ne te tracasse pas davantage: Tu n'auras le tems de lire ni les commentaires de ta vie, ni les faits des anciens Grecs & Romains, ni les recüeils que tu as faits des anciens Auteurs, & que tu as mis à part pour t'en servir dans ta vieillesse. Hâte-toi donc de parvenir à ta fin; & renonçant à toutes tes vaines espérances, aide-toi toi-même; si tu as autant de soin de toi qu'il t'est permis d'en avoir. *Du Liv. iij. n. xiij.*

III. Non-seulement il faut penser que notre vie se consume chaque jour & devient plus courte, mais encore il faut considerer, que si on vit longtems, on n'est pas assuré de conserver la même force d'esprit, & le jugement nécessaire pour la contemplation, & pour l'intelligence des choses divines & humaines: Car dès le moment qu'on tombe en enfance, on conserve bien les facultez de transpirer, de se nourrir, d'imaginer, de désirer, & toutes les autres de cette nature; mais de se servir de soi-même, de remplir ses devoirs, d'examiner la verité de ses préjugez, & d'être en état de juger s'il est tems de quitter la vie, enfin ce qui demande une raison mâle & bien exercée, tout cela est déja éteint en nous. Il faut donc se hâter, non-seulement parce qu'on approche tous les jours plus près de la mort, mais aussi parce que la connoissance & l'intelligence des choses nous abandonne souvent avant que nous mourions. *Du Liv. iij. n. j.*

IV. Souviens-toi depuis quel tems tu remets à faire ces réflexions, & combien de fois tu as refusé de te servir des occasions que les Dieux t'ont presentées. Il est pourtant déja tems de connoître de quel Monde tu fais partie, & que tu es descendu de cet Esprit qui gouverne l'univers. Souviens-toi aussi que le tems de ta vie est limitée, & que si tu ne t'en sers pour te rendre tranquile, il s'envolera, t'emportera avec lui, & ne reviendra jamais. *Du Liv. ij. n. iiij.*

V. Ne fais pas comme si tu devois vivre encore des milliers d'années. La mort pend sur ta tête. Sois donc homme de bien pendant que tu vis, & que tu le peux. *Du Liv. iiij. n. xvij.*

VI. Tu vas mourir, & tu n'as pas encore cette simplicité de cœur qu'il faut avoir; & tu n'es pas encore sans trouble; & tu ne t'es pas encore défait de l'opinion où tu es que tu peux être blessé par les choses exterieures; & tu n'es pas encore doux, & bienfaisant envers tous les hommes; & enfin tu ne fais pas encore consister la veritable sagesse à faire des actions de justice & de pieté. *Du Liv. iiij. n. xxxix.*

VII. Souviens-toi toujours de l'homme qui avoit oublié où son chemin le conduisoit. *Du Liv. iiij. n. xlix.*

VIII. Comme si c'étoit aujourd'hui notre dernier jour, & que notre vie n'eût dû être prolongée que jusqu'au tems present, il faut vivre conformément à la nature tout le tems qui nous est donné pardessus. *Du Liv. vij. n. lviij.*

IX. Il faut avoir toujours devant les yeux quelle est la nature de l'Etre universel, & quelle est la tienne; quel rapport a celle-ci avec celle-là; & quelle partie de quel *Tout* elle est; & se souvenir qu'il n'y a personne qui puisse t'empêcher de dire & de faire des choses convenables à cette nature dont tu es une portion. *Du Liv. ij. n. ix.*

X. A toute heure applique-toi fortement, & comme homme, & comme Romain, à faire avec gravité, avec douceur, avec liberté & avec justice, tout ce que tu fais; & à éloigner toutes les autres pensées qui pourroient t'en détourner. Or le moïen le plus sûr de les éloigner, c'est de faire chaque action, comme si elle devoit être la derniere de ta vie, sans témérité, sans aucune revolte contre la raison, sans déguisement, sans amour propre, & avec un parfait acquiescement aux ordres des Dieux. Tu vois le petit nombre des choses qu'on a à pratiquer pour mener une vie heureuse & divine; car les Dieux ne demanderont rien davantage à celui qui suivra ces regles. *Du Liv. ij. n. v.*

XI. *Donne de la joye aux Dieux & à nous* (a). Du Liv. vij. n. xlj.

XII. Fais consister ta joye & ton repos à passer d'une bonne action à une autre bonne action, en te souvenant toujours de Dieu. *Du Liv. vj. n. vij.*

XIII. Défais-toi de tes imaginations, retiens tes mouvemens, éteins tes désirs, & conserve ton ame libre & indépendante. *Du Liv. ix. n. vij.*

XIV. Montre aux hommes un homme vraiment homme, & qui vi-

(a) Vers de quelque Poëte.

ve selon la nature ; qu'ils le voyent ;
qu'ils l'interrogent ; & s'ils ne peuvent le supporter, qu'ils le fassent
mourir. Il vaut beaucoup mieux mourir que de vivre comme eux. *Du Liv.
x. n. xxj.*

XV. Regarde ce que sont les hommes : Ils mangent, ils dorment, &
font toutes les fonctions naturelles.
Regarde ceux qui commandent aux
autres : Ils sont remplis d'orgueil ; ils
se mettent en colere, & traitent de
haut en bas ceux qui sont soumis à
leur autorité. Remets en ta mémoire
de combien de choses ils sont euxmêmes les Esclaves, & à quel prix ;
& pense à ce qu'ils seront bientôt. *Du
Liv. x. n. xxiiij.*

XVI. Il n'est plus tems de disputer
quel est l'homme de bien, mais de le
devenir. *Du Liv. x. n. xxj.*

XVII. Que personne ne puisse dire
veritablement que tu n'es ni de mœurs
simples, ni homme de bien. Fais
mentir tous ceux qui penseront cela
de toi. Cela est en ton pouvoir. Qui

t'empêche d'être homme de bien & simple ? Resous-toi seulement à ne plus vivre, si tu n'es tel; car sans cela, la raison ne veut pas que tu vives. *Du Liv. x. n. xxxvij.*

XVIII. Ou c'est une destinée absoluë, & un ordre inévitable qui gouverne tout; ou c'est une providence qu'on peut se rendre propice ; ou c'est le hasard & une confusion téméraire. Si c'est l'immuable nécessité, pourquoi t'opposes-tu à ses arrêts ? Si c'est la providence que tu puisses te rendre propice, pourquoi ne tâches-tu pas de te rendre digne de son secours ? Et si c'est le hazard aveugle, rejoüis-toi de ce que dans un si grand desordre tu as au dedans de toi une ame intelligente pour te conduire. Si le tourbillon t'enveloppe & t'entraîne, qu'il entraîne ta chair & tes esprits : il ne dépend pas de lui d'entraîner ton ame. *Du Liv. xij. n. xiiij.*

XIX. Fais-toi toujours ces questions : En quel état est presentement mon ame ? Quel bien lui fais-je ? A quel usage est-ce que je la mets? Est-elle sans intelligence? S'est-elle séparée & retranchée de la societé? Est-elle si fort mêlée, confonduë & collée avec cette miserable chair, qu'elle suive tous ses mouvemens, & qu'elle lui obéisse comme son Esclave? *Du Liv. x. n. xxix.*

XX. Comment t'es tu gouverné jusqu'à present envers les Dieux, envers ton pere & ta mere, tes freres, ta femme, tes enfans, tes Précepteurs, tes Gouverneurs, tes amis, tes courtisans, & tes domestiques? Ne leur as-tu fait jusqu'à present aucune injustice, ni par tes paroles, ni par tes actions? Retrace en ta mémoire les travaux que tu as essuyez, & toutes les peines que tu as souffertes; & pense que l'histoire de ta vie est complette, & que le service que tu avois à rendre en ce Monde est accompli. Combien de belles choses as-tu vûës? Combien as-tu surmonté de plaisirs & de douleurs? Combien de choses glorieuses as-tu méprisées? Et à combien de méchans as-tu fait éprouver ta bonté? *Du Liv. v. n. xxxij.*

XXI. Comme chaque animal raisonnable a reçu de la nature universelle presque toutes ses autres facultez, il en a aussi reçu celle-ci: C'est que de la même maniere qu'elle plie, tourne, accommode à son usage & fait entrer dans l'ordre de sa prédestination tout ce qui s'oppose à elle, l'animal raisonnable peut aussi convertir en sa propre action tous les obstacles qu'il rencontre, & s'en servir pour parvenir à ses fins. *Du Liv. viij. n. xxxvij.*

XXII. En tout tems, en tous lieux, il dépend de toi de t'accommoder pieusement à tout ce qui t'arrive, de vivre justement avec tes contemporains, d'observer & de tenir si bien en bride ton imagination, qu'elle ne reçoive & n'approuve rien que tu n'ayes bien compris. *Du Liv. vij. n. lvj.*

XXIII. Prens bien garde de ne pas dégenerer en tyran; ne prens point cette teinture : On ne la prend que trop aisément. Conserve-toi donc simple, bon, entier, grave & sans orgueil, ami de la justice, religieux envers les Dieux, doux, humain & ferme dans la pratique de tes devoirs. Combats courageusement pour demeurer tel que la Philosophie t'a voulu rendre. Revere les Dieux ; procure le salut aux hommes. La vie est courte, & le seul fruit de cette vie terrestre, c'est la sainteté & les bonnes actions. Gouverne-toi en tout comme un Disciple d'*Antonin*. Souviens toi de sa constance dans tout ce qu'il avoit entrepris avec raison ; de son égalité en toutes choses, de sa sainteté, de la serenité de son visage, de sa douceur, du mépris qu'il avoit pour la vaine gloire, de sa grande application aux affaires ; comme il ne laissoit jamais rien passer sans l'avoir bien examiné & bien compris. Remets-toi souvent devant les yeux avec quelle bonté il souffroit les plaintes injustes qu'on faisoit de lui ; quel soin il avoit de ne rien entreprendre avec précipitation, avec quel dédain il rejettoit la calomnie, & avec quelle exactitude il s'informoit des mœurs & des actions de chacun. Il n'étoit ni médisant, ni timide, ni soupçonneux, ni sophiste ; nullement difficile pour son logement, pour sa bouche, pour son lit, pour ses habits, ni mal aisé à servir. Il aimoit le travail. Il étoit lent à se mettre en colere ; mangeoit peu, & pouvoit être depuis le matin jusqu'au soir au Conseil, sans être obligé d'en sortir pour ses nécessitez, dont l'heure étoit toujours reglée. N'oublie jamais à quel point son amitié étoit égale & constante. Combien il étoit aisé qu'on s'opposât librement à ses avis, & avec quelle joye il écoutoit ceux qui en donnoient de meilleurs. Enfin souviens-toi qu'il étoit religieux sans superstition, & tâche de l'imiter en toutes ses bonnes qualitez, afin que ta derniere heure te trouve en aussi bon état que la sienne l'a trouvé. *Du Liv. vj. n. xxx.*

XXIV. Il faut contempler le cours des astres, comme si nous marchions avec eux, & considerer souvent les fréquens changemens des premiers principes de toutes choses; car ces sortes de pensées purgent & emportent les ordures de cette vie terrestre. *Du Liv. vij. n. xlix.*

XXV. Les Pythagoriciens ordonnoient de regarder le Ciel le matin dès qu'on étoit levé; afin de se souvenir par-là des Estres qui suivent toujours le même chemin, & qui font toujours leur ouvrage de la même maniere, sans aucune inconstance ni varieté, & pour penser à leur ordre, à leur pureté & à leur simplicité toute nuë : Car les astres n'ont point de voile pour se cacher. *Du Liv. xj. n. xxviij.*

XXVI. Chaque chose est faite pour quelqu'action; le cheval, la vigne. Qu'y a-t-il là de surprenant? Le soleil te dira aussi qu'il est au Monde pour faire quelque chose. Les autres Dieux te diront de même. Et toi pourquoi es-tu donc né ? Est-ce pour vivre dans les plaisirs ? Voi toi-même si le sens commun le souffre. *Du Liv. viij. n. xix.*

XXVII. Pense souvent à l'état où il faut que tu sois & pour le corps & pour l'ame, quand la mort te surprendra. Songe à la brieveté de la vie, à l'abîme infini du tems qui t'a précedé, à celui qui te suivra, & à la foiblesse & fragilité de la matiere. *Du Liv. xij. n. vij.*

XXVIII. Sers-toi de tous les animaux, & en general de toutes les autres choses ; sers-t'en, dis-je, noblement & librement, comme un homme qui a de la raison doit se servir de ce qui n'en a point ; mais pour les hommes, sers-t'en selon les loix de la societé, comme on doit se servir de personnes raisonnables. Ne manque pas d'invoquer Dieu dans toutes tes actions, & ne te mets point du tout en peine, combien de tems tu le pourras faire. Trois heures de vie suffisent, pourvu qu'on les passe en cet état. *Du Liv. vj. n. xxiij.* XXIX.

XXIX. Quand tu te seras une fois donné le nom de bon, de modeste, de veridique, de prudent, de complaisant & de magnanime, prens bien garde de ne les pas changer; & si par malheur tu venois à les perdre, tâche de les recouvrer au plutôt: Mais souviens-toi que celui de *prudent* t'avertit que tu dois t'appliquer serieusement & sans relâche à connoître chaque chose par toi-même; que celui de *complaisant* t'engage à recevoir de bon cœur ce qu'il plaît à la nature universelle de t'envoyer; & que celui de *magnanime* t'oblige à élever ton esprit au-dessus de tous les mouvemens de la chair, & à mépriser la gloire, la mort & toutes les autres choses semblables. Si tu conserves donc ces beaux noms, sans te soucier que les autres te les donnent, tu seras un autre homme, & tu meneras une autre vie; car de vouloir être encore tel que tu as été jusques ici, & te laisser encore déchirer & traîner par les mêmes soins, cela est d'un homme lâche, trop attaché à la vie, & entierement semblable à ces miserables qui combattent contre les bêtes, & qui à demi mangez, & tout couverts de sang & de blessures demandent d'être reservez au lendemain, pour être encore exposez aux mêmes dents & aux mêmes ongles. Tâche donc de parvenir à ce peu de noms ; & quand tu y seras parvenu, tâche de t'y maintenir, comme si tu étois transporté dans les isles des bienheureux. Que si tu t'apperçois que tu ne puisses pas les garder tous, retire-toi dans quelque coin que tu puisses défendre ; ou sors même du Monde entierement, sans te fâcher, avec un esprit de simplicité, de liberté & de modestie ; & ravi de pouvoir faire au moins cette bonne action dans la vie, que d'en sortir courageusement. Mais tout ce qui t'aidera le plus à retenir tous ces noms, c'est de te souvenir des Dieux, & de penser qu'ils ne veulent pas que les hommes les flattent, mais qu'ils leur ressemblent, & qu'ils faſſent ce qui eſt de l'homme, comme le figuier fait ce qui eſt du figuier, le chien ce qui eſt du chien, & l'abeille ce qui eſt de l'abeille. *Du Liv. x. n. viij.*

XXX. Eſſaye comment tu te trouveras de mener la vie d'un homme de bien; je veux dire d'un homme qui ſe plaît aux choſes que la nature lui envoye, & qui ſe contente de faire des actions juſtes, & de poſſeder ſon eſprit en paix. *Du Liv. iiij. n. xxvii.*

XXXI. Sois tranquile dans toutes les choſes qui viennent du dehors, & juſte dans celles qui viennent de toi, c'eſt-à-dire, dans tous tes déſirs & dans toutes tes actions. N'aye d'autre vûe que l'utilité du public: Car voilà ce qui eſt conforme à la nature. *Du Liv. ix. n. xxxiij.*

XXXII. Tu ne ſçaurois enſeigner à lire, ni à écrire, ſi tu ne l'as appris auparavant: A plus forte raiſon ne pourras-tu enſeigner aux autres à vivre, ſi tu ne le ſçais toi-même. *Du Liv. xj. n. xxx.*

XXXIII. Une lampe éclaire jusqu'à ce qu'elle soit éteinte, & ne perd pas un seul moment sa lumiere : Comment donc laisserois-tu éteindre avant la mort, la verité, la justice, & la temperance qui sont en toi ? *Du Liv. xij. n. xv.*

XXXIV. Quand joüiras-tu de la simplicité & de la gravité ? Quand auras-tu une connoissance si distincte de chaque chose, que tu sçaches ce qu'elle est dans son essence ; quel lieu elle occupe dans l'univers ; de combien de tems sera sa durée ; ce qui entre dans sa composition ; à qui elle peut être donnée, & ceux qui peuvent & la donner & l'ôter ? *Du Liv. x. n. xj.*

XXXV. Eteins tes imaginations ; arrête tes passions & tes mouvemens ; donne au tems present des bornes fort étroites ; connois bien ce qui t'arrive, & ce qui arrive aux autres ; separe & divise tous les sujets, en ce qu'ils ont de materiel & de formel ; pense à la derniere heure, & laisse les fautes qu'on a faites, où on les a faites. *Du Liv. vij. n. xxxj.*

XXXVI. Tu ne sçaurois lire ; mais tu peux réprimer tes violences & tes emportemens ; mais tu peux surmonter la douleur & la volupté ; mais tu peux mépriser la vaine gloire ; mais tu peux ne te pas fâcher contre les ingrats & contre les sots, & même avoir soin d'eux, & travailler à les guerir. *Du Liv. viij. n. viij.*

XXXVII. Mon ame, quand seras-tu donc bonne, simple, sans mélange & sans fard ? Quand seras-tu plus visible & plus aisée à connoître que le corps qui t'environne ? Quand goûteras-tu les douceurs qu'on trouve à avoir de la bienveillance, & de l'affection pour tous les hommes ? Quand seras-tu pleine de toi-même, & riche de tes propres biens ? Quand renonceras-tu à ces folles cupiditez, & à ces vains désirs qui te font souhaiter des créatures animées ou inanimées pour contenter tes passions, du tems pour en joüir davantage, des lieux & des païs mieux situez, un air plus pur, & des hommes plus sociables? Quand seras-tu pleinement satisfaite de ton état? Quand trouveras-tu ton plaisir dans toutes les choses qui t'arrivent? Quand seras-tu persuadée que tu as tout en toi, que tout va bien pour toi, que tout ce que tu as vient des Dieux, que tout ce qui leur plaît t'est bon, & que tout ce qu'ils t'envoyent tend à la conservation *de cet Estre très-parfait, très-bon, infiniment juste, infiniment beau, qui produit, qui comprend, qui environne, & qui embrasse toutes choses, & qui, quand elles se dissolvent & se séparent, les reçoit en lui pour en produire de nouvelles & de toutes semblables?* Enfin, quand seras-tu si bien d'accord & si bien unie avec les hommes & avec les Dieux, que vivant avec eux sous les mêmes loix, & comme sous la même police, tu ne puisses plus te plaindre d'eux, ni leur donner lieu de condamner ta conduite? *Du Liv. x. n. j.*

XXXVIII. C'est une honte que l'ame se rebute, lorsque le corps ne se rebute pas. *Du Liv. vj. n. xxix.*

XXXIX. Si tu n'as point d'envie contre toi-même, tu peux dès aujourd'hui posseder les choses ausquelles tu n'esperes de parvenir qu'avec le tems. Pour cet effet laisse-là le passé; remets l'avenir entre les mains de la Providence, & dispose du present selon les regles de la sainteté & de la justice : *De la sainteté*, pour recevoir agréablement, & pour aimer tout ce qui t'arrive; car c'est la nature même qui te l'envoye, & qui t'a fait naître pour cela : Et *de la justice*, afin que tu dises la verité librement & sans détour, & que tu obéisses à la loi, en te comportant sagement & dignement en toutes choses. Mais il faut que rien ne puisse te détourner de ton chemin; ni la méchanceté des autres, ni ce qu'ils pensent de toi, ni ce qu'ils en disent, ni les sentimens de cette masse de chair où tu es enfermé ; car c'est à la partie souffrante à se plaindre de ce qu'elle sent. Enfin quand le tems de ton départ sera venu, si, renonçant à tout autre soin, tu ne penses qu'à honorer, & à respecter comme il faut la partie supérieure de ton ame (qui est ce que tu as de divin) & que tu ne craignes pas tant de cesser de vivre, que de ne pas commencer à bien vivre, tu seras un homme digne du Monde qui t'a produit ; tu cesseras d'être étranger dans ta Patrie ; tu n'admireras plus comme extraordinaire ce qui arrive tous les jours, & tu ne dépendras plus de ceci ni de cela. *Du Liv. xij. n. j.*

CHAPITRE

CHAPITRE XXV.

Regles de conduite.

I. IL faut que tu ayes toujours ces deux maximes: L'une, de faire pour l'utilité des hommes tout ce que demande la condition de Legiſlateur & de Roi; & l'autre, de changer de reſolution toutes les fois que des gens habiles te donneront de meilleurs avis. Mais il faut toujours que ce changement ſe faſſe par des motifs de juſtice & d'utilité publique, & jamais pour ton propre plaiſir, pour ton interêt, ou pour ta gloire particuliere. *Du Liv. iiij. n. xij.*

II. Souviens-toi bien que tu n'es pas moins libre, quand tu changes d'avis, & que tu ſuis le conſeil de celui qui te redreſſe: Car cette action eſt toute de toi; elle vient de ton choix, de ton jugement, & de ton eſprit. *Du Liv. viij. n. xvj.*

R

III. Combien de tems gagne celui qui ne prend pas garde à ce que son prochain dit, fait, ou pense: Mais qui est attentif à ce qu'il fait lui-même, afin de se rendre juste & saint.

IV. C'est un précepte d'AGATHON, *Ne regarde point aux mœurs corrompuës de ton prochain, mais va toujours ton chemin tout droit, & marche sur la même ligne sans jamais t'en détourner.* Du Liv. iiij. n. xviij. & xix.

V. DEMOCRITE a dit: *Fais peu de chose si tu veux être tranquile;* mais n'auroit-il pas mieux fait de dire: *Fais toutes les choses nécessaires, & tout ce que la raison demande d'un homme né pour la societé, & comme elle le demande;* car on trouve là tout ensemble, & la tranquilité qui vient de faire le bien, & celle qui vient de faire peu de chose. En effet, si de tout ce que nous disons & nous faisons, nous retranchions ce qui n'est point nécessaire, nous aurions & plus de tems & moins de chagrin. C'est pourquoi sur chaque chose il faut se demander;

Cela n'est-il point du nombre des choses non nécessaires ? Or il faut retrancher non-seulement les actions inutiles, mais aussi les pensées ; car les pensées inutiles étant retranchées, les actions superfluës le seront aussi. *Du Liv. iiij. n. xxvj.*

VI. Travaille, non pas comme un miserable, ni pour attirer l'admiration ou la pitié : Mais dans ton travail, comme dans ton repos, aye seulement en vûë de faire ce que la societé demande de toi. *Du Liv. ix. n. xij.*

VII. Tu as vû ces choses-là ; voy encore celles-ci. Ne te trouble point, mais sois simple. Quelqu'un a-t-il péché contre toi ? C'est sur son compte. T'est il arrivé quelque mal ? Prens courage : Tout ce qui t'arrive t'étoit destiné par la nature universelle. En un mot, la vie est courte, & il faut profiter du present, en suivant les regles de la raison & de la justice. Sois sobre dans le relâche que tu donnes à ton corps & à ton esprit. *Du Liv. iiij. n. xxviij.*

VIII. Si quelqu'un te demande comment s'écrit le nom d'*Antonin*, n'est-il pas vrai que tu lui en diras distinctement toutes les lettres ? Mais si quelqu'autre s'en fâche, t'amuseras-tu aussi à te fâcher contre lui ? Ne continueras-tu pas plutôt à compter doucement & tranquilement toutes les lettres l'une après l'autre ? Souviens-toi qu'il en est de même de tous les devoirs de notre vie. L'accomplissement de chacun d'eux consiste en un certain nombre de choses. Dans tout ce que tu fais, il faut les observer toutes, & les remplir en allant ton chemin sans te troubler, & sans te mettre en colere contre ceux qui se fâchent contre toi. *Du Liv. vj. n. xxvj.*

IX. Accommode-toi aux affaires qui te sont destinées, & t'accoutume à aimer, mais veritablement, tous les hommes avec lesquels tu vis. *Du Liv. vj. n. xxxix.*

X. Ai-je assez de capacité pour faire cela, ou non ? Si j'en ai assez, je m'en sers pour cet ouvrage comme d'un outil que la nature m'a donné à ce deſſein. Si je n'en ai pas aſſez, ou je le cede à un autre qui s'en acquittera mieux que moi, au moins ſi c'eſt quelque choſe qui ne ſoit pas néceſſairement de mon devoir; ou je le fais comme je puis, en prenant à mon aide quelqu'un qui ſe ſervant du peu que j'ai de génie, puiſſe achever ce qu'il eſt à propos de faire, & qui doit être utile à la ſocieté; car tout ce que je fais, ou par moi, ou par le ſecours d'autrui, doit tendre uniquement au bien public, & à la liaiſon & correſpondance de toutes les parties de ce Tout qu'on appelle le Monde. *Du Liv. vij. n. vj.*

XI. N'aye point de honte de te ſervir du ſecours d'autrui. Il ne s'agit pour toi que de faire ton devoir, & d'exécuter l'ordre comme un ſoldat qui eſt à un aſſaut. Si tu étois boiteux & que tu ne puſſes monter à la brêche ſans le ſecours de quelqu'un de tes camarades, que ferois-tu? *Du Liv. vij. n. viij.*

XII. Il faut avoir une contenance assurée, & se tenir ferme quand on marche & quand on est assis. L'esprit doit donner à tout le corps la même grace & la même bienséance qu'il donne au visage en le composant ; mais il faut éviter l'affectation sur toutes choses. *Du Liv. vij. n. lxij.*

XIII. Il faut écouter avec attention ce qu'on dit, & pénetrer jusqu'au fond les choses qui arrivent, & leur cause. *Du Liv. vij. n. xxxij.*

XIV. Ne sois attentif qu'à ce que tu fais presentement, soit que tu penses, que tu agisses, ou que tu parles. *Du Liv. viij. n. xxiij.*

XV. Et dans le Senat & partout ailleurs il faut parler avec décence & modestie, & ne pas chercher les ornemens dans un discours qui doit être mâle & sain. *Du Liv. viij. n. xxxij.*

XVI. Dans les discours il faut être attentif à ce qu'on dit, & dans les actions à ce qu'on fait. Dans l'un il faut prendre garde à la signification des termes, & dans l'autre il faut voir d'abord, & ce qu'on se propose, & le but où l'on tend. *Du Liv. vij. n. v.*

XVII. Il ne faut rien faire ni dire comme en dormant, & c'est pourtant ainsi que nous agissons & que nous parlons. *Du Liv. iiij. n. lj.*

XVIII. Entre dans l'esprit de tout le Monde, & permets à tout le Monde d'entrer dans le tien. *Du Liv. viij. n. dernier.*

XIX. Regarde bien ce que demande ta nature, comme si tu étois gouverné par la nature seule, & le fais, si la nature de l'animal n'en est point blessée. Regarde ensuite ce que demande la nature de l'animal, & ne te le refuse point, à moins que cela ne soit contraire à la nature de l'animal raisonnable. Car qui dit animal raisonnable, dit politique, c'est-à-dire, né pour la societé. Si tu observes bien ces regles, ne te mets en peine de rien. *Du Liv. x. n. ij.*

XX. Que sert-il d'avoir des défiances & des soupçons, quand il dépend de toi de voir de quoi il s'agit, & ce qu'il faut faire ? Si tu le vois, fais-le avec douceur & sans regarder derriere toi. Si tu ne le vois pas, suspens ton action, & consulte tes Conseillers les plus habiles. Que si quelqu'autre chose vient à la traverse, condui-toi sagement selon l'occasion, en suivant toujours ce qui te paroît juste. C'est le meilleur but que l'on puisse se proposer, & ce n'est qu'en s'en éloignant qu'on tombe dans un égarement funeste. *Du Liv. x. n. xiiij.*

XXI. Voici un précepte que l'on trouve dans les écrits d'*Epicure :* Aye toujours devant les yeux quelqu'un des anciens qui ait été parfaitement vertueux. *Du Liv. xj. n. xxvij.*

XXII. Il faut borner & ajuster sa vie à la mesure de chaque action. Si ce que nous faisons presentement a tout ce qu'il lui faut, & qu'il dépend de nous de lui donner, c'est assez. Or personne ne peut empêcher que mon action n'ait tout ce qu'il lui faut pour être entiere. Peut-être que quelque obstacle viendra du dehors. Qu'est-ce qui pourra t'empêcher de vivre justement, sagement & prudemment ? Peut-être quelqu'autre chose viendra-t-elle empêcher l'effet de mon action: Mais si tu prens doucement cet obstacle, & que tu te serves patiemment de cette action, il en naîtra tout d'abord une autre action qui tiendra la place de la premiere, & qui s'ajustera parfaitement avec la regle dont j'ai parlé. *Du Liv. viij. n. xxxiiij.*

XXIII. Tâche de t'accoutumer aux choses ausquelles tu es le plus mal propre. *L'habitude te les rendra aisées & faciles.* Car tu vois que la main gauche qui est mal adroite à toutes les autres fonctions, parce qu'elle n'y est pas accoutumée, tient pourtant la bride plus ferme que la main droite, parce que c'est une chose qu'elle fait toujours. *Du Liv. xij. n. vj.*

XXIV. Il faut regarder ce que les choses sont en elles-mêmes, en considerant séparément leur matiere, leur forme, & leur fin. *Du Liv. xij. n. x.*

XXV. La premiere chose, c'est de ne rien faire témérairement & sans dessein : Et la seconde, de ne rien faire qui ne tende au bien de la societé. *Du Liv. xij. n. xxj.*

XXVI. Une branche séparée de la branche à qui elle touchoit, ne peut qu'elle ne soit séparée de l'arbre entier : Tout de même un homme qui s'est séparé d'un autre homme, s'est entierement séparé de toute la societé : Mais c'est une main étrangere qui retranche la branche ; au lieu que l'homme se retranche lui-même, en haïssant son prochain, & en s'éloignant de lui ; & il ne sçait pas qu'il se sépare par-là tout d'un coup de la societé civile. Mais voici une grace bien particuliere de Dieu qui a établi la societé, c'est que nous pouvons être incorporez & réunis au corps, dont nous nous sommes séparez, & faire encore une partie du même Tout. Il faut seulement se souvenir qu'une partie à qui il est souvent arrivé de se séparer, ne se réunit & ne se reprend enfin qu'avec beaucoup de peine; & qu'une branche qui a toujours été attachée à son arbre, & qui a crû avec lui, est bien differente de celle qui y a été entée après sa séparation, comme tous les Jardiniers même l'assurent. *Du Liv. xj. n. viij.*

XXVII. Va toujours par le plus court chemin; c'est celui qui est selon la nature; & il est selon la nature de faire & de dire en toutes rencontres ce qui est le plus juste & le plus droit. Une telle disposition t'épargnera mille peines & mille combats. Elle te délivrera de tous les tourmens secrets que causent immanquablement la dissimulation & le faste. *Du Liv. iiij. n. dernier.*

XXVIII. Comme les Medecins tiennent toujours prêts & sous la main tous les instrumens necessaires pour les operations imprévuës qu'ils peuvent avoir à faire, aye de même tout prêts les préceptes qui te peuvent aider à connoître les choses divines & humaines, & à faire la plus petite chose, en te souvenant toujours du lien qui lie les unes avec les autres. Car tu ne feras jamais bien aucune chose purement humaine, si tu ne connois les rapports qu'elle a avec les choses divines; ni aucune chose divine, si tu ne sçais toutes les liaisons qu'elle a avec les choses humaines. *Du Liv. iij. n. xij.*

CHAPITRE XXVI.

Sur les Spectacles de théatre.

I. Les Tragedies ont été premierement introduites pour faire souvenir les hommes des accidens qui arrivent dans la vie, pour les avertir qu'ils doivent nécessairement arriver, pour leur apprendre que les mêmes choses qui les divertissent sur la scene, ne doivent pas leur paroître insupportables sur le grand théatre du

Monde; car tu vois bien que telle doit être la catastrophe de toutes les pieces, & que ceux qui crient tant sur le théatre: *Oh! Citheron*, ne se délivrent pas de leurs maux. Les Poëtes tragiques disent souvent des choses très-utiles, comme ceci: *Si les Dieux n'ont soin ni de moi ni de mes enfans, cela même ne se fait pas sans raison*; & ceci encore: *Ne te mets pas en colere contre les affaires, car elles ne s'en soucient point; & la vie est comme la moisson d'un champ*, & plusieurs autres choses semblables. A la Tragedie succeda la vieille Comédie armée d'une liberté magistrale, & qui en donnant à chaque chose son veritable nom, réussissoit admirablement à corriger l'arrogance & l'insolence des Citoyens: *Diogene* s'est servi à ce dessein de beaucoup d'endroits de cette vieille Comédie. Après cela vint la Comédie que l'on appelle *moyenne*, & enfin on inventa la nouvelle Comédie qui dégenera en une pure imagination. On sçait que les Auteurs de cette derniere sorte de Comédie disent de fort bonnes choses ; mais au fond, quel est le sujet & le but de ces representations ? *Du Liv. xj. n. vj.*

II. La vanité des pompes, les spectacles, les Tragedies & les Comedies, les assemblées des peuples, les tournois, tout cela est comme un os jetté au milieu des chiens ; comme un morceau de pain jetté dans un reservoir ; comme les courses inutiles & tout le vain tracas des fourmis ; comme une déroute de souris épouventées, & comme tous les mouvemens des Marionettes qui se remuent par ressort. Quand on ne peut éviter de s'y trouver, il faut y être avec tranquilité, & sans insolence, & se souvenir que chacun est digne de loüange ou de blâme, à proportion du blâme & de la loüange que meritent les choses dont il fait son occupation. *Du Liv. vij. n. iiij.*

CHAPITRE XXVII.

Supporter les hommes.

I. IL faut se dire le matin quand on se leve : *Aujourd'hui j'aurai à faire à un importun, à un ingrat, à un brutal, à un fourbe, à un envieux, à un méchant homme.* Tous ces vices ne viennent à ces gens-là que de l'ignorance où ils sont du bien & du mal; mais moi qui, après avoir examiné la nature de l'un & de l'autre, ai connu que le bien n'est autre chose que ce qui est honnête, & le mal que ce qui est honteux, & qui après avoir soigneusement réflechi sur la nature de ceux qui péchent, ai vû qu'ils sont tous mes parens, non-seulement par le sang, mais par l'esprit, & par cette portion de la divinité dont ils sont participans, je ne sçaurois jamais être offensé par aucun d'eux, (car il n'est pas en leur pouvoir de me faire tomber dans aucun vice) ni me fâcher contre un homme qui m'est si proche, ou le haïr : Car nous sommes nez pour nous aider les uns les autres, comme les pieds, les mains, les paupieres, les dents. Il est donc contre la nature de se nuire les uns aux autres, & c'est nuire que d'avoir de la haine ou de l'aversion. *Du Liv. ij. n. j.*

II. Ces sortes de gens ne sçavent faire que ces actions. Il y a une force majeure qui les entraîne ; & ne vouloir pas que cela arrive, c'est ne vouloir pas que le figuier ait un lait amer. Enfin souviens-toi que dans un petit espace de tems, ni un tel homme, ni toi-même, ne serez plus, & que dans un autre petit espace, son nom & le tien seront entierement effacez de la mémoire des hommes. *Du Liv. iiij. n. vj.*

III. C'est folie que de vouloir des choses impossibles : Or il est impossible que les méchans n'agissent pas comme ils font. *Du Liv. v. n. xvij.*

IV. Ne te fâche point contre celui qui

qui sent mauvais. Qu'y peut-il faire ? Il est ainsi fait ; c'est une nécessité qu'une telle odeur sorte de son corps: Mais il dit qu'il a la raison en partage, & qu'il dépend de lui de se connoître & de se corriger. Tant mieux ; tu as aussi la raison ; tâche donc d'exciter sa raison par la tienne ; remontre lui ses défauts ; donne-lui des avis. S'il t'écoute, tu le gueriras, & tu n'auras plus sujet de te mettre en colere. *Du Liv. v. n. xxviij.*

V. Ceux qui ont la jaunisse trouvent le miel amer. Ceux qui ont été mordus d'un chien enragé craignent l'eau, & les enfans ne trouvent rien de si beau qu'une bale. Pourquoi donc te fâcher de tout ce qui arrive ? Crois-tu que ton imagination séduite ait moins de force sur toi, que la bile sur celui qui a la jaunisse, & le venin sur celui qu'un chien enragé a mordu ? *Du Liv. vj. n. lvij.*

VI. N'y a-t-il pas de la cruauté à ne pas permettre aux hommes de se porter aux choses qui leur paroissent utiles & convenables ? Or c'est en quelque maniere ne le pas permettre, que de te fâcher contr'eux quand ils péchent ; car alors ils pensent courir à leur bien. Mais ils se trompent, diras-tu : Redresse-les donc, & leur fais voir, sans te fâcher, en quoi ils se trompent. *Du Liv. vj. n. xxvij.*

VII. Les hommes sont nez les uns pour les autres. Il faut donc les enseigner, ou les souffrir. *Du Liv. viij. n. lxiij.*

VIII. Qu'est-ce que la méchanceté ? C'est ce que tu as vû plusieurs fois. Dis le même de tous les accidens de la vie : *C'est ce que j'ai vû souvent.* Partout tu trouveras toujours les mêmes choses, dont les histoires tant anciennes que modernes sont remplies, & que l'on voit de tous côtez dans nos Villes & dans nos maisons. Il n'y a rien de nouveau. Tout est ordinaire & passager. *Du Liv. vij. n. j.*

IX. Pense très-souvent que toutes choses sont & seront comme elles ont été, & remets-toi devant les yeux toutes les comédies & toutes les scenes semblables, que tu as vûës toi-même, ou que tu as lûës dans l'histoire; par exemple, la Cour d'*Adrien*, celle d'*Antonin*, celle de *Philippe*, celle d'*Alexandre*, celle de *Cresus*: C'est toujours la même chose; il n'y a de différence que le changement d'Acteurs. *Du Liv. x. n. xxxij.*

X. *Platon* dit fort bien qu'une ame qui est privée de la verité l'est malgré elle. On peut donc dire la même chose d'une ame qui est privée de la justice, de la temperance, de la patience, & de toutes les autres vertus. Il est très-nécessaire de se souvenir toujours de cela; car tu en seras plus doux & plus indulgent pour tous les hommes. *Du Liv. vij. n. lxv.*

XI. Il est ridicule de s'étonner qu'un figuier porte des figues; mais il ne l'est pas moins de trouver étrange que le Monde produise les choses qui sont en lui. C'est comme si un Medecin s'étonnoit de voir la fiévre à quelqu'un, & comme si un Pilote étoit surpris de voir les vents contraires. *Du Liv. viij. n. xv.*

XII. Avec qui que tu te rencontres, dis en toi-même : *quelle opinion a cet homme-là des biens & des maux ?* car s'il a une telle opinion de la volupté & de la douleur & de ce qui les produit, de la gloire & de l'ignominie, de la vie & de la mort, je ne trouverai ni étrange ni surprenant qu'il fasse telle & telle chose, & je me souviendrai qu'il est forcé d'agir ainsi. *Du Liv. viij. n. xiiij.*

XIII. Quand on te blâme, ou qu'on te hait, ou enfin qu'on s'oppose à tes sentimens, entre dans l'esprit de ces gens-là, pénetre dans leur intention & voy ce qu'ils sont : Tu verras en même-tems que quelque chose qu'ils pensent de toi, tu dois ne t'en pas chagriner, mais au-contraire leur vouloir du bien ; car ils sont naturellement tes amis ; & les Dieux mêmes ont la bonté de leur donner par les songes & par les oracles, les secours dont ils ont besoin pour parvenir à ce

les hommes. CH. XXVII. 213
qu'ils souhaitent avec tant d'inquiétude & d'empressement. *Du Liv. ix. n. xxix.*

XIV. S'il a péché, le mal est en lui : Mais peut-être n'a-t-il pas péché. *Du Liv. ix. n. xlj.*

XV. Quand quelqu'un péche, enseigne le doucement, & lui remontre sa faute : Et si tu ne le peux faire n'accuse que toi-même ; ou plutôt ne t'accuse point. *Du Liv. x. n. iiij.*

XVI. Quand tu es choqué de la faute de quelqu'un, examine-toi d'abord toi-même, & regarde si tu n'as jamais rien fait de pareil. Par exemple, si tu n'as jamais pris pour un veritable bien, l'argent, les plaisirs, la vaine gloire, ou d'autres choses semblables. Cette réflexion dissipera dans le moment toute ta colere ; surtout si tu te souviens en même-tems, que ce malheureux a été forcé de faire ce qu'il a fait : Car comment pouvoit-il s'en empêcher ? Si tu le peux, arrache-le à cette force majeure qui l'entraîne. *Du Liv. x. n. xxxv.*

XVII. Deformais il ne faut se plaindre ni des Dieux, ni de la nature; car ils ne manquent ni volontairement ni malgré eux. Il ne faut pas non plus se plaindre des hommes; car toutes leurs fautes sont involontaires: Il ne faut donc jamais se plaindre. *Du Liv. xij. n. xij.*

XVIII. Sur tout ce qui te fait croire qu'un autre a péché, ne manque pas de dire en toi-même: *Que sçai-je si c'est un péché?* Que s'il a péché veritablement, fais d'abord cette réflexion, qu'il s'est condamné lui-même, & que c'est comme s'il s'étoit déchiré le visage avec ses ongles. Souviens-toi en même-tems que celui qui ne veut pas que les méchans péchent, est semblable à celui qui voudroit empêcher les figues d'avoir du lait amer, les enfans de pleurer, les chevaux de hannir, & toutes les autres choses qui sont naturelles & d'une nécessité indispensable; car que peut faire à cela le miserable qui a ce naturel vicieux ? Gueris-le donc, si tu es si habile. *Du Liv. xij. n. xvj.*

XIX. Corrige les méchans si tu le peux; sinon souviens-toi que c'est pour eux que t'a été donnée la douceur & l'humanité. Les Dieux mêmes usent tous les jours de clemence envers eux, & en plusieurs rencontres ils les aident de leur secours; ils leur donnent la santé, les richesses & la gloire, tant ils ont de bonté. Tu peux les imiter, ou tu dois dire qui t'en empêche. *Du Liv. ix. n. xj.*

CHAPITRE XXVIII.

Sur les offenses qu'on reçoit.

I. CE qui ne nuit point à la Ville ne nuit point aux Citoyens. Quand donc tu crois qu'on t'a fait tort, sers-toi de cette regle pour le connoître: Si la Ville n'est point offensée, je ne le suis pas non plus; & si elle ne l'est pas, il ne faut donc pas se fâcher contre celui qui ne l'a pas offensée; car en quoi consiste cette offense? Et qu'est-ce que c'est? *Du Liv. v. n. xxij.*

II. N'aye jamais des choses l'opinion que celui qui t'offense en a, ou qu'il veut que tu en ayes: Mais examine-les, & voy ce qu'elles sont veritablement. *Du Liv. iiij. n. xj.*

III. En faisant nos exercices quelqu'un nous a égratigné, ou blessé d'un coup de tête; mais nous n'en sommes point offensez, & nous ne nous défions pas de cet homme-là, comme d'un homme qui ait envie de nous faire quelque méchant tour: Nous nous tenons seulement sur nos gardes, non pas comme contre un ennemi, ni comme ayant quelque soupçon, mais nous l'évitons adroitement sans le haïr. Faisons de même dans toutes les autres rencontres de notre vie: Ne prenons pas garde à ce qu'on nous fait; & recevons tout, comme de la part de ceux qui s'exercent avec nous; car, comme je l'ai déja dit, il est permis de les éviter, sans leur témoigner ni soupçon ni haine. *Du Liv. vj. n. xx.*

IV.

IV. On me ruë, on me déchire, on me charge de malédictions; cela me fait-il quelque chose ? Cela empêche-t-il que mon ame ne soit toujours pure, prudente, sage & juste ? Si quelqu'un assis près d'une fontaine d'une eau douce & claire s'amusoit à lui dire des injures, la fontaine en donneroit-elle moins son eau pure & claire ? Et s'il y jettoit de la bouë & du fumier, n'auroit-elle pas bientôt lavé & dissipé ces ordures, sans en être gâtée ? Que feras-tu donc pour avoir au dedans de toi une fontaine toujours vive, & non pas une citerne ? Travaille incessamment à te procurer la liberté, la simplicité, la douceur & la modestie. *Du Liv. viij. n. lv.*

V. Quelqu'un a péché contre moi, c'est son affaire. Il a ses mœurs & ses manieres ; & moi j'ai ce que la nature notre commune mere veut que j'aye, & je fais ce qu'elle veut que je fasse. *Du Liv. v. n. xxiiij.*

VI. La volonté d'un autre ne fait rien à la tienne, & ne lui est pas moins indifférente que son corps & son esprit : Car quoique nous soyons nez les uns pour les autres, néanmoins l'ame de chacun conserve toujours l'empire d'elle-même libre & indépendant ; autrement le vice de mon prochain pourroit me nuire, ce que Dieu n'a pas voulu, afin qu'il ne dépendît pas d'un autre de me rendre malheureux. *Du Liv. viij. n. lx.*

VII. Quand quelqu'un t'a offensé par son impudence, demande-toi à toi-même : Se peut-il faire que dans le Monde il n'y ait point d'impudens? Non cela ne se peut. Ne demande donc point l'impossible. Celui qui t'a offensé est du nombre de ces impudens qui doivent être nécessairement dans le Monde. Pense de même sur un fourbe, sur un perfide, & sur tout autre homme qui aura péché de quelque maniere que ce soit. Car dès le moment que tu te souviendras qu'il est impossible qu'il n'y ait pas dans le Monde de cette sorte de gens, tu trouveras en toi plus de facilité à les supporter chacun en particulier. Il est aussi très-utile de rechercher d'abord quelle vertu la nature a donnée pour l'opposer à un tel vice ; car elle n'a pas manqué d'en donner une contre chaque vice, comme une espece de contre-poison : Par exemple, contre la cruauté, elle a donné la douceur ; & contre un autre venin, un autre antidote. Enfin il dépend de toi de montrer le bon chemin à celui qui s'égare : Or tout homme qui péche s'égare & s'éloigne de son but. En quoi t'a-t-on donc offensé ? Si tu y prens bien garde, tu trouveras qu'aucun de ceux contre qui tu te mets si fort en colere, n'a rien fait qui puisse rendre ton ame moins parfaite qu'elle n'est. C'est pourtant en cela que consiste tout le tort & tout le mal qu'on te peut faire. D'ailleurs qu'y a-t-il là de mauvais & d'étrange, qu'un ignorant fasse les actions d'un ignorant ? Ne dois-tu pas plutôt te plaindre de toi-même, de ce que tu n'as pas prévû, & que tu ne t'es pas attendu qu'un tel feroit ce qu'il a fait ? Car la raison t'a souvent donné lieu de penser, que vrai-semblablement il feroit une telle faute. Cependant tu l'as oublié, & tu es surpris qu'il l'ait faite. Sur toutes choses, quand tu te plaindras d'un ingrat & d'un perfide, ne t'en prens qu'à toi-même. Car c'est manifestement ta faute, soit d'avoir cru qu'un homme ainsi disposé te garderoit le secret, soit, quand tu as fait un plaisir, de ne l'avoir pas fait liberalement sans en attendre aucune reconnoissance, & de n'avoir pas recueilli tout le fruit de ton action dans le moment même de l'action. Car que veux-tu davantage ? N'as-tu pas fait du bien à un homme ? Cela ne suffit-il pas ? Et en faisant ce qui est selon la nature, demandes-tu d'en être recompensé ? C'est comme si l'œil demandoit d'être payé parce qu'il voit, & les pieds parce qu'ils marchent. Car comme ces membres sont faits pour cela, & qu'en remplissant leurs fonctions, ils ont tout ce qui leur est propre, de même l'homnie est né pour faire du bien, & toutes les fois qu'il est dans cet exercice, ou qu'il fait quelque chose d'utile à la societé, il accomplit les conditions sous lesquelles il est au Monde, & il a ce qui lui convient. *Du Liv. ix. n. dernier.*

VIII. N'aye point pour les hommes cruels & dénaturez, les mêmes sentimens qu'ils ont pour les autres hommes. *Du Liv. vij. n. lxvij.*

IX. Quelqu'un me méprise, c'est à lui à voir pourquoi il le fait. Pour moi je prendrai bien garde de rien faire ou dire qui merite ce mépris. Il me hait; c'est sur son compte. Pour moi j'aurai toujours la même bonté & la même affection pour tous les hommes en general, & pour celui-là même en particulier; & je serai toujours prêt à lui remontrer sa faute sans m'emporter en reproches, & sans faire ostentation de ma patience, mais sincerement & charitablement, comme *Phocion*, s'il est vrai que *Phocion* n'ait pas mêlé la raillerie à ses avertiſſemens : Car il faut que cela vienne du cœur, & que Dieu qui connoît l'interieur des hommes, & qui ſonde les cœurs, voye qu'on n'eſt fâché de rien; qu'on ne ſe plaint de rien. Car quel mal eſt-ce pour toi, ſi tu fais les choſes qui ſont propres à ta nature ? Et puiſque Dieu t'a mis dans ce Monde pour le bien de la ſocieté, pourquoi refuſes-tu de faire les choſes qui ſont utiles à la nature univerſelle. *Du Liv. xj. n. xiiij.*

CHAPITRE XXIX.

Pardonner à ſes ennemis, & les aimer.

I. C'Eſt le propre de l'homme d'aimer ceux qui l'offenſent, & tu le feras ſi tu te ſouviens qu'ils ſont tes parens; qu'ils péchent malgré eux, & par ignorance; que vous mourrez les uns & les autres au premier jour; & ſur toutes choſes qu'ils ne t'ont point offenſé, puiſqu'ils n'ont pas rendu ton ame pire qu'elle n'étoit auparavant. *Du Liv. vij. n. xxiij.*

II. Quand quelqu'un péche contre toi, pense d'abord au jugement que cet homme a fait du bien ou du mal quand il a péché. Cela étant bien examiné, tu auras pitié de lui, & tu lui pardonneras sa faute, bien-loin d'en être surpris ou fâché : Car, ou tu jugeras, comme lui, du bien & du mal, & de ce qui leur ressemble, & par conséquent tu dois lui pardonner; ou tu en jugeras autrement & d'une maniere plus saine, & par cette raison tu dois souffrir avec douceur toutes les fautes d'un homme qui ne les commet que par erreur. *Du Liv. vij. n. xxviij.*

III. La meilleure maniere de se vanger est de ne ressembler point à celui qui nous fait injure. *Du Liv. vj. v. vj.*

CHAPITRE XXX.

Etre content de tout ce qui arrive.

I. COmme on dit d'ordinaire, qu'Esculape ordonne aux Malades d'aller à cheval, ou de se baigner dans l'eau froide, ou de marcher nuds pieds, on doit s'imaginer aussi que la nature ordonne de même à ses enfans d'être malades, de perdre quelque membre, ou de faire quelqu'autre perte & autres choses semblables. Car comme dans la premiere maniere de parler, le mot *ordonne* signifie proprement, *dispose & choisit les moyens les plus propres pour redonner la santé ;* dans la derniere, ce mot signifie la même chose. En effet, la nature choisit & dispose ce qui convient à chacun, parce qu'elle le juge propre à accomplir sa destinée. En disant ce qui convient, nous parlons comme les Maçons qui disent d'une pierre quarrée, qu'elle convient, qu'elle s'ajuste bien dans un mur ou dans une piramide, quand elle joint bien avec les autres. A tout prendre, il n'y a en toutes choses qu'une même symetrie, qu'une même harmonie : Et comme de tous les differens corps résulte la composition de ce Monde qui ne fait qu'un seul & même corps; ainsi de toutes les differentes causes résulte ce qu'on appelle la destinée qui n'est qu'une seule & même cause. Les plus ignorans entendent fort bien ce que je dis, puisque dans leur langage ordinaire ils disent : *Sa destinée portoit cela ;* c'est-à-dire, qu'une telle chose étoit portée à un tel, qu'elle lui étoit ordonnée. Recevons donc ces ordonnances, comme nous recevons celles des Medecins. Il ne laisse pas d'y avoir dans ces dernieres des choses fâcheuses & difficiles ; mais nous les recevons avec joye dans l'esperance d'une prompte guérison. Aye donc autant d'empressement pour hâter la perfection & l'accomplissement des choses que la nature a résoluës; que tu en as pour le recouvrement de ta santé. Reçois avec joye ce qui t'arrive, quelque fâcheux qu'il soit, parce qu'il aboutit à procurer la santé au Tout dont tu fais partie, & qu'il entretient la prosperité & la felicité de Dieu même, qui ne l'auroit pas permis, s'il n'étoit utile à l'univers. Or il n'y a point de nature qui souffre quoi que ce soit, qui ne soit convenable à celui qu'elle gouverne. Tu vois par-là qu'il y a deux raisons principales qui doivent t'obliger à embrasser & à cherir tout ce qui t'arrive : La premiere, que cela t'étoit destiné & ordonné; que cela étoit fait pour toi, proportionné à toi, & comme annexé à toi de toute ancienneté par les causes premieres : Et la seconde, qu'il contribuë au bonheur, à la perfection, & si on ose le dire, à la durée même de celui qui gouverne tout. Car c'est mutiler ce Tout que de retrancher quoi que ce soit de sa connexité & de sa continuité, aussi-bien dans ses parties que dans ſes cauſes; & tu en retranches, autant qu'il eſt en ton pouvoir, tout ce que tu ſupportes avec peine, & que tu voudrois empêcher. *Du Liv. v. n. viij.*

II. Tout ce qui arrive eſt auſſi ordinaire & auſſi commun que les roſes au Printems, & les fruits en Eté: La maladie, la mort, la calomnie, la ſurpriſe, enfin tout ce qui afflige ou qui réjoüit les Sots. *Du Liv. iiij. n. xlvj.*

III. Conſidere combien de choſes ſe paſſent en même-tems & dans un moment dans ton corps & dans ton eſprit. Cela t'empêchera de t'étonner de toutes les choſes differentes qui arrivent en même-tems dans ce qu'on appelle le Monde. *Du Liv. vj. n. xxv.*

IV. Ou tu peux ſupporter ce qui t'arrive, ou tu ne le peux pas. Si tu le peux ne t'en fâche point, mais ſupporte-le. Si tu ne le peux pas, ne t'en fâche pas non plus, car en te conſumant, il ſe conſumera auſſi. Souviens-toi pourtant qu'il eſt en ton pouvoir de souffrir tout ce qu'il dépend de toi opinion de te rendre supportable, en te persuadant que c'est ton interêt, ou ton devoir qui le veulent ainsi. *Du Liv. x. n. iij.*

V. Le seul ouvrage de la nature universelle, c'est de changer tout ; de transporter là ce qui est ici, & de mettre ici ce qui étoit-là. Tout n'est qu'un changement continuel. Il ne faut donc pas craindre qu'il arrive rien de nouveau ni de surprenant ; tout est ordinaire & toujours également dispensé. *Du Liv. viij. n. vj.*

VI. Il ne peut rien arriver à l'homme qui ne soit de l'homme, ni au bœuf rien qui n'appartienne au bœuf, ni à la vigne, ni à la pierre, rien qui ne leur soit convenable. Donc si ce qui arrive à chaque chose est ce qui lui est propre & naturel, de quoi te fâches-tu ? La nature universelle ne sçauroit t'apporter rien d'insupportable. *Du Livre viij. n. xlix.*

VII. Il ne faut aimer que ce qui nous arrive, & qui nous a été destiné ;

car qu'y a-t-il de plus convenable ? *Du Liv. vij. n. lix.*

VIII. La terre aime la pluye ; l'air aime à la donner. Le Monde aime à faire ce qui doit nécessairement être fait. Je dis donc au Monde : *J'aime ce que tu aimes.* N'est-ce pas même le langage ordinaire & commun : Et sur tout ce qui se fait, ne dit-on pas que *cela aime à se faire ?* Du Livre x. n. xxvj.

IX. Tout ce qui t'arrive t'étoit préparé dès l'éternité. L'enchaînement fatal des causes, en filant dès le commencement des siécles la trame de ta vie, y a joint & mêlé ces accidens. *Du Liv. x. n. v.*

X. C'est être fou que de désirer des figues en Hyver. Mais ce n'est pas être plus sage que de chercher & désirer son enfant, quand il n'est plus (*a*). *Du Liv. xj. n. xxxiij.*

(*a*) Epictete de qui ce mot est pris, ajoute : *Car ce que l'Hiver est pour la figue, la révolution des siécles l'est pour les choses qu'elle a emportées.*

XI. Un œil sain doit voir tout ce qui est visible, & ne pas dire : *Je ne veux voir que du verd;* car c'est le propre d'un œil malade. L'oüie & l'odorat bien sains doivent être toujours prêts à entendre, & à sentir tout ce qui peut être senti & entendu. Un bon estomac doit se faire également à toute sorte de viandes, comme une meule est faite à moudre toute sorte de grains. Il faut de même qu'un esprit sain soit préparé à tout ce qui lui arrive. Celui qui dit : *Que mes enfans vivent; que tout le Monde loüe ce que je fais;* c'est un œil malade qui demande à voir seulement du verd; c'est une dent qui ne veut que des choses tendres. *Du Liv. x. n. xl.*

XII. Il n'arrive jamais rien de fâcheux à personne que la nature n'ait disposé à le supporter. Les mêmes accidens arrivent tous les jours à des gens qui ignorent que cela leur soit arrivé, ou qui, en le supportant, veulent montrer leur fermeté & leur grand courage, & qui demeurent comme insensibles & immobiles aux plus grands coups. C'est donc une honte que l'ignorance & la vanité ayent plus de force que la prudence. *Du Liv. v. n. xviij.*

CHAPITRE XXXI.

Sur la felicité.

I. SI tu suis la droite raison dans tout ce que tu fais, & qu'il te suffise de t'en acquitter avec soin, avec douceur, & avec courage, sans y joindre rien d'étranger, & en conservant ton esprit pur & net, comme si tu devois le rendre sur l'heure; en un mot, si tu es uniquement appliqué à ce que tu fais, sans rien craindre, & content de faire une action qui est selon la nature, & de dire la verité en tout, tu vivras heureusement. Or il n'y a personne qui puisse t'empêcher de le faire. *Du Livre iij. n. xj.*

II. Tu peux être toujours heureux, si tu sçais marcher droit & suivre la raison dans tes actions & dans tes pensées; car voici deux choses qui sont communes & à la nature de Dieu & à celle de l'homme & de tout animal raisonnable (*a*); l'une, de ne pouvoir être empêché par aucun Etre quel qu'il soit; & l'autre, de trouver son bien dans les dispositions & dans les actions justes, & de terminer là ses désirs. *Du Liv. v. n. xxxv.*

III. Tout instrument, outil ou vaisseau, qui fait bien ce à quoi il est destiné, est en bon état: Cependant l'Ouvrier s'en est allé & l'a abandonné (*b*): Mais il n'en est pas de même dans les effets de la nature. La même vertu qui les produit demeure toujours au dedans; c'est pourquoi tu dois l'honorer davantage, & penser que si tu

_____

(*a*) Il parle ainsi, parce que les Philosophes mettoient entre Dieu & l'Homme, des Génies, des Héros, &c.

(*b*) Après avoir fini son ouvrage.

vis

vis & te gouvernes selon ses ordres, toutes choses te réussiront selon les désirs de ton ame, comme elles réussissent à cet Agent universel selon les désirs de la sienne. *Du Livre vj. n. xl.*

IV. La felicité de l'homme, c'est un bon génie, ou un bon esprit. Que fais-tu donc ici, imagination ? Va-t-en au nom des Dieux ; va-t-en comme tu es venuë. Je n'ai nullement besoin de toi. Tu es venuë selon ton ancienne coutume. Je ne m'en fâche point. Va-t-en seulement ; je t'en conjure. *Du Liv. vij. n. xviij.*

V. Il ne faut pas tant penser aux choses qui nous manquent, qu'à celles que nous avons ; & parmi ces dernieres il faut choisir les plus agréables, s'en representer bien toute la beauté, & se dire souvent à soi-même : Avec quel empressement désirerois-tu ces choses si tu ne les avois pas ? Mais en même-tems on doit prendre garde qu'à force d'y mettre tout notre plaisir, nous ne nous accoutumions à les

V.

estimer si fort que nous ne puissions les perdre sans trouble. *Du Liv. vij. n. xxix.*

VI. Il est très-possible d'être en même-tems un homme divin & un homme inconnu à tout le Monde. Souviens-toi toujours de cela, & que tout le bonheur de cette vie dépend de très-peu de chose. *Du Liv. vij. n. lxx.*

VII. Le plaisir de l'homme consiste à faire ce qui est propre à l'homme. Or le propre de l'homme, c'est d'aimer son semblable ; de mépriser ses passions ; de juger de la verité & de la probabilité de ses opinions ; de considerer la nature universelle, & tout ce qu'elle fait. *Du Liv. viij. n. xxviij.*

VIII. Les uns se plaisent à une chose, les autres à une autre. Pour moi je ne me plais qu'à avoir un esprit sain & exempt de toute sorte d'aversion, soit pour les hommes, soit pour les accidens qui leur peuvent arriver : En un mot, un esprit qui voye tous

Sur la felicité. CH. XXXI. 235
avec des yeux tranquiles; qui reçoive tout avec plaisir; & qui se serve de tout selon son prix & son merite. *Du Liv. viij. n. xlv.*

IX. Je n'ai qu'une seule inquiétude, c'est que je crains de faire ce que la nature de l'homme ne veut pas que je fasse, ou de le faire autrement qu'elle ne veut, ou dans un autre tems qu'elle ne demande. *Du Liv. vij. n. xxj.*

X. Prens moi, jette moi où tu voudras; partout j'aurai mon ame paisible & tranquile; c'est-à-dire, qu'elle sera contente, pourvû qu'elle se possede & qu'elle puisse agir selon sa nature & son devoir. *Du Liv. viij. n. xlvij.*

XI. C'est assez pour le present d'avoir une opinion saine des choses; d'agir pour le bien de la societé, & d'être disposé à recevoir agréablement tout ce qui viendra de la cause generale & universelle. *Du Liv. ix. n. vj.*

XII. Le soleil demande-t-il à faire

V ij

les fonctions de la pluye ? La constellation d'Esculape celles de la terre? Tous les astres ne sont-ils pas differens, & ne travaillent-ils pas à l'accomplissement d'une seule & même chose ? *Du Liv. vj. n. xliij.*

XIII. Veux-tu vivre heureusement ? Cela dépend de toi ; tu n'as qu'à avoir de l'indifference pour tout ce qui est indifferent ; & tu en auras sans doute, si tu examines chaque chose séparément & par rapport au Tout ; si tu te souviens qu'il n'y en a aucune qui puisse nous forcer à juger d'elle, ni qui vienne jusqu'à nous ; & que c'est nous qui faisons tout le chemin, qui en jugeons, & qui nous en faisons une image, lorsque nous pourrions ou nous empêcher de la faire, ou l'effacer entierement si elle s'étoit glissée malgré nous & à notre insçu ; & enfin si tu fais cette réflexion : Que nous ne serons pas obligez de nous tenir long-tems sur nos gardes, & que la mort viendra bientôt terminer tous ces soins, & nous mettre pour toujours dans une tranquilité parfaite. Qu'est-ce donc qui t'empêche d'être content de toutes les choses qui arrivent dans le Monde ? Si elles sont selon la nature reçois-les gayement, & elles te seront faciles; & si elles sont contre la nature, cherche ce qui est conforme à ta nature propre, & le poursui, quelque peu de gloire qui l'accompagne : Car il n'y a rien de plus pardonnable que de suivre son propre bien. *Du Liv. xj. n. xvij.*

XIV. Il n'y a que trois choses dont tu es composé; le corps, l'esprit, & l'ame. Les deux premieres ne t'appartiennent que jusqu'à un certain point, & en tant que tu dois en avoir soin. Mais la troisiéme est la seule qui soit proprement à toi. C'est toi-même. Si tu éloignes donc & sépares de toi, c'est-à-dire de ton ame, tout ce que les autres disent ou pensent, tout ce que tu as toi-même dit ou fait, tout ce que tu prévois & qui t'épouvante, tous les mouvemens qui viennent de la part du corps qui t'environne, &

de l'esprit dont ce corps est animé, & qui ne sont point en ton pouvoir; enfin tout ce que le tourbillon extérieur du Monde agite & roule à son gré; & que ton intelligence toute pure, arrachée à l'enchaînement fatal des choses, & délivrée de ce joug, vive à part en elle-même, faisant ce qui est juste, voulant ce qui lui est envoyé & disant la verité; si, dis-je, tu sépares de ton ame tous les sentimens qui lui viennent de la liaison & de la sympathie qu'elle a avec le corps; que tu éloignes de ta pensée l'avenir & le passé; que tu te rendes toi-même comme la sphere d'*Empedocle*, qui étant égale en tout sens & d'une rondeur parfaite, tourne toujours sans se lasser; & que tu ne penses qu'à vivre le tems que tu vis, c'est-à-dire, qu'à joüir du tems present, tu pourras passer noblement & sans trouble tout celui qui te reste à vivre, & être toujours avec ton génie dans une étroite intelligence & une parfaite union. *Du Liv. xij. n. iij.*

XV. Le bonheur de la vie consiste à considerer ce que chaque chose est en elle-même, & à connoître sa matiere & sa forme; à faire de tout son cœur des actions de justice, & à dire toujours la verité. Que reste-t-il après cela qu'à joüir de la vie, en accumulant bonne action sur bonne action, sans laisser entre deux le moindre intervalle, ni le moindre vuide. *Du Liv. xij. n. xxxj.*

XVI. La nature de chaque chose est contente & satisfaite, quand elle va son chemin sans aucun empêchement. Aller son chemin pour la nature raisonnable, c'est empêcher l'imagination de recevoir & d'approuver des idées fausses ou incertaines & douteuses; diriger tous ses désirs à ne faire que les actions utiles à la societé; n'appliquer ses inclinations & ses aversions qu'aux choses qui dépendent d'elle, & recevoir avec soumission tout ce que lui envoye la nature universelle, dont elle est une partie, comme la nature de la feuille est une partie de la nature de l'arbre, avec cette difference pourtant que la nature de la feüille eſt une partie d'une nature inſenſible, ſans raiſon, & qui peut être traverſée & contrainte dans ſes operations; au lieu que la nature de l'homme eſt une partie d'une nature raiſonnable que rien ne peut traverſer ni troubler, & qui diſtribuë toujours à chacun également ſelon ce qu'il eſt, le tems, la matiere, la forme, les operations & les évenemens. Pour être convaincu de cette verité, il ne faut pas prendre un ſeul accident d'une choſe, & le comparer au tout d'une autre; mais prendre le tout de cette choſe, & le comparer avec le tout d'une autre. Tu trouveras tout égal. *Du Liv. viij. n. vij.*

XVII. Que ce ſoient les atômes ou la nature, il faut d'abord poſer que je ſuis une partie de ce Tout que la nature gouverne, & enſuite que je ſuis lié naturellement avec les autres parties de même eſpece. Etant bien perſuadé de cette verité, je ne pourrai

rai jamais prendre en mauvaise part, rien de ce qui me sera distribué par un Tout dont je fais partie ; car il n'est pas possible qu'une chose soit mauvaise pour une partie, quand elle est bonne pour le Tout. Et ce Tout ne peut rien avoir en soi qui ne lui soit utile. C'est un avantage qui est commun à toutes les natures ; mais la nature de l'univers a de plus ce privilege, qu'aucune cause exterieure ne peut la forcer à rien produire qui lui soit nuisible. Cette premiere verité, que je suis une partie de ce Tout, me fera acquiescer à tous les accidens qui m'arriveront dans la suite : Et la seconde, que je suis lié naturellement avec les parties de même espece, me portera à ne rien faire qui ne soit utile à la societé ; à avoir toujours devant les yeux ces autres parties ; à rapporter à leur utilité toutes mes actions & tous mes desseins, & à éviter tout ce qui pourroit leur être contraire. Pendant que je serai dans cette disposition, il faut nécessairement que ma vie soit heureuse, comme tu conçois que seroit celle d'un Bourgeois qui rapporteroit toutes ses actions au bien de ses Concitoyens, & qui recevroit de bon cœur tout ce que sa Ville lui départiroit. *Du Liv. x. n. vj.*

XVIII. A quelque heure que la mort vienne, elle me trouvera toujours heureux. Etre heureux, c'est se faire une bonne fortune à soi-même; & la bonne fortune, ce sont les bonnes dispositions de l'ame, les bons mouvemens, & les bonnes actions. *Du Liv. v. n. dernier.*

CHAPITRE XXXII.

L'homme vertueux.

I. Dans l'ame d'un homme temperant, & purgé de toutes les passions, il n'y a jamais ni meurtrissure, ni corruption cachée. Jamais la Parque ne le surprend & ne tranche sa vie avant qu'elle soit complette, comme si c'étoit un Comédien qui se retirât avant qu'il eût achevé de joüer sa piece. De plus, il n'y a ni bassesse, ni orgueïl; rien de forcé, ni de déchiré; rien qui craigne la censure, ni qui cherche l'obscurité. *Du Liv. iij. n. viij.*

II. Nous avons un corps, une ame animale, & un esprit intelligent. Les sens appartiennent au corps; les mouvemens & les appetits à l'ame, & les opinions à l'esprit. Imaginer quelque chose, se faire une image d'un objet, cela nous est commun avec les animaux; être remué & agité par ses passions, comme une Marionette par ses ressorts, cela nous est commun avec les bêtes les plus feroces, avec tous les effeminez, & avec les monstres, comme *Phalaris* & *Neron :* Suivre son esprit pour guide dans toutes les actions exterieures qui paroissent des devoirs utiles, cela aussi nous est commun avec les Athées, avec ceux qui abandonnent lâchement leur Patrie, & avec ceux qui commettent toute sorte de crimes, quand leurs portes sont bien fermées. Si donc toutes ces choses nous sont communes avec tout ce que je viens de dire, la seule qui reste & qui est le propre de l'homme de bien, c'est d'aimer & & d'embrasser tout ce qui lui arrive & qui lui est destiné; de ne point profaner ni troubler, par une foule d'imaginations & d'idées, ce génie qui est consacré dans son cœur, comme dans un Temple; mais de se le conserver toujours propice, & de lui obéir comme à un Dieu, en ne disant jamais rien que de vrai, & en ne faisant rien que de juste. Que si tous les hommes s'opiniâtrent à ne vouloir pas croire qu'il vit simplement, modestement & tranquillement, il ne se fâche pas contr'eux, & il ne laisse pas de continuer le chemin qui le mene à la fin de sa vie, à laquelle il faut arriver pur, tranquile, libre, détaché de tout, en se conformant à sa destinée sans violence & de tout son cœur. *Du Liv. iij. n. dernier.*

III. Quand la partie superieure de nous-mêmes suit sa nature, elle est disposée de maniere sur tous les accidens, qu'elle change d'objet sans peine, & va à ce qui est possible & qui lui est presenté; car elle n'a aucune prédilection pour aucune chose du Monde : Et quand elle se porte à ce qui lui a paru de meilleur, c'est toujours avec exception; & de tous les obstacles qui la traversent, elle en fait l'objet & la matiere de son action, comme le feu qui se rend maître de tout ce qu'on jette dedans. *Des ma-*

tieres entaffées éteindroient une petite lampe, mais un feu bien allumé & bien ardent fe les rend propres, les confume dans un moment, & n'en devient que plus fort. *Du Liv. iiij. n. j.*

IV. Les Elemens fe meuvent en haut, en bas & en rond. La vertu ne fe meut d'aucune de ces manieres; mais c'eft quelque chofe de plus divin; & par un chemin difficile à comprendre elle arrive toujours à fon but. *Du Liv. vj. n. xvij.*

V. Voici un excellent mot d'*Antifthene :* » Faire du bien, & entendre » dire du mal de foi patiemment, c'eft » une vertu de Roi. *Du Liv. vij. n. xxxviij.*

VI. *Ceci eft de Platon.* » Je répon- » drois à cet homme-là avec raifon : » Vous vous trompez fans doute, mon » ami, fi vous penfez qu'un homme » de quelque vertu doive plutôt envi- » fager le danger qui le menace, qu'e- » xaminer fi ce qu'il fait eft jufte ou » injufte, & fi c'eft l'action d'un homme de bien, ou d'un méchant. «

VII. *Dans le même endroit.* « Car « c'est une verité constante, *hommes* « *Atheniens,* celui qui est dans un « poste qu'il a choisi lui-même, com- « me le jugeant le plus honnête, ou « qui l'a reçu de son General, doit le « garder jusqu'à la fin, quelque danger « qui le menace, & souffrir la mort « & tout ce qu'on peut imaginer de « plus terrible, plutôt que de com- « mettre une lâcheté. «

VIII. *Du même.* » Mais, *mon cher* « *Callicles*, prenez-y bien garde; le « veritable bien & la veritable vertu « ne consistent pas à se conserver soi- « même. Car un homme parfaitement « vertueux ne doit point souhaiter de « vivre un certain tems, ni être atta- « ché à la vie; mais en s'abandonnant « à la conduite de Dieu, & persuadé « de la verité de ce mot que toutes les « femmes ont dans la bouche, *que nul* « *ne peut éviter sa destinée*, il doit seu- « lement s'appliquer à bien employer « le tems qui lui reste à vivre, en se «

» conformant aux loix de son País. *Du Liv. vij. n. xlvj. xlvij. & xlviij.*

IX. Ne t'amuse point à considerer ce que font les autres, mais regarde directement où la nature te mene ; la nature universelle par les accidens qu'elle t'envoye, & ta nature particuliere par les actions qu'elle demande de toi. Car il faut que chacun agisse conformément aux conditions sous lesquelles il est né. Or toutes les autres créatures sont nées pour les raisonnables, comme dans tous les autres sujets, les moins parfaits sont créez pour les plus parfaits, & les créatures raisonnables sont nées les unes pour les autres. La premiere & la principale condition de l'homme, c'est donc de servir à la societé : La seconde, c'est de ne pas succomber sous ses affections charnelles. C'est le propre de l'intelligence raisonnable de se renfermer en elle-même, & de n'être jamais soumise aux mouvemens des sens & des appetits ; car ils sont brutaux les uns & les autres, &

l'ame veut conserver sa superiorité, & n'être jamais réduite à leur obéir. Cela est juste, puisque toutes ces choses ne sont faites que pour la servir: La troisiéme condition, c'est de s'empêcher de tomber & d'être séduit. Celui qui remplit bien toutes ces trois conditions n'a qu'à aller son chemin. Il a tout ce qui lui est propre. *Du Liv. vij. n. lvij.*

X. D'où sçavons-nous que *Socrate* étoit plus grand homme, & qu'il avoit plus de vertu que *Telauges?* Car ce n'est pas assez qu'il soit mort glorieusement; qu'il ait disputé contre les Sophistes avec beaucoup d'adresse & de solidité; que pendant les plus grandes rigueurs de l'Hiver il ait passé les nuits en pleine campagne; qu'il ait genereusement resisté aux tyrans qui lui ordonnoient d'aller prendre à *Salamine* un homme qu'ils vouloient faire mourir; & qu'il ait marché dans les ruës avec fierté & avec orgueïl, quoiqu'on puisse douter avec raison de la verité de ce dernier trait : Mais il faut voir en quel état étoit son ame ; s'il pouvoit se contenter d'être juste envers les hommes, & pieux envers les Dieux ; s'il n'avoit ni emportement ni indignation contre la mechanceté des autres ; s'il ne se rendoit en rien l'esclave de l'ignorance d'autrui ; s'il ne recevoit pas comme quelque chose d'étranger & qui ne lui appartenoit point, ce que la Providence lui envoyoit ; s'il ne le souffroit pas, comme le jugeant insupportable ; & enfin s'il ne conservoit pas son ame libre & exempte de toutes les passions du corps. *Du Liv. vij. n. lxviij.*

XI. La perfection des mœurs consiste à passer chaque jour de sa vie, comme si c'étoit le dernier ; à n'être ni empressé ni lâche, & à éviter la dissimulation. *Du Liv. vij. n. lxxiij.*

XII. Tout ce que la faculté raisonnable & politique juge inutile & à la societé & à la raison, elle le tient justement au-dessous d'elle. *Du Liv. vij. n. lxxvj.*

XIII. Quelle comparaison d'*Alexandre*, de *Cesar* & de *Pompée*, à *Diogene*, à *Heraclyte* & à *Socrate*! Dans ceux-ci, quelle connoissance des choses, de leurs causes & de leur matiere! Quelle raison toujours libre & indépendante! Et dans les autres, quelle servitude, quelle ignorance & quel aveuglement! *Du Liv. viij. n. iij.*

XIV. Fais-je quelque chose? Je le fais en le rapportant au bien des hommes. M'arrive-t-il quelque chose? Je le reçois en le rapportant aux Dieux & à la source commune, d'où dérive tout ce qui se distribuë dans cet univers. *Du Liv. viij. n. xxv.*

XV. C'est être parfaitement honnête homme, & avoir fait un voyage très-heureux, que de sortir de la vie sans avoir connu ni le mensonge, ni l'hypocrisie, ni le luxe, ni l'orgüeil. Après ce premier degré de bonheur, le plus grand ensuite, c'est d'en sortir las & dégoûté de ces vices, & sans souhaiter d'y croupir. L'experience ne te persuade-t-elle pas encore de fuir la peste ? La corruption de l'esprit est une peste bien plus dangereuse & plus mortelle que la corruption & l'intemperie de l'air que nous respirons. Celle-ci est la mort des animaux, en tant qu'animaux ; & l'autre est la mort des hommes, en tant qu'hommes. *Du Liv. ix. n. ij.*

XVI. Celui qui ne rapporte pas toutes les actions de sa vie à un seul & même but, ne sçauroit être toujours un seul & même homme. Ce que tu dis-là ne suffit pas, si tu n'ajoutes encore quel doit être ce but. Comme tous les hommes n'ont pas la même opinion de toutes les choses qui paroissent de veritables biens au peuple, & qu'ils ne sont d'accord que sur quelques-unes, c'est-à-dire, sur celles qui vont au bien public ; tout de même il faut se proposer un but dont tout le Monde convienne, & qui aille au bien de la societé. Celui qui dirigera à ce but tous ses mouvemens ne sera jamais inégal dans ses actions, & par ce moyen il sera toujours le même. Du Liv. xj. n. xxij.

CHAPITRE XXXIII.

Du recueillement.

I. LEs hommes souhaitent des lieux de retraite à la campagne, sur le rivage de la mer, sur les montagnes; & c'est ce que tu souhaites toi-même avec beaucoup d'empressement. Or cela n'est pardonnable qu'aux ignorans. A toute heure n'est-il pas en ton pouvoir de te retirer au dedans de toi. L'homme n'a nulle part de retraite plus tranquile, ni où il soit avec plus de liberté que dans sa propre ame, surtout s'il a au dedans de lui de ces choses précieuses qu'on n'a qu'à regarder pour être dans une parfaite tranquilité. J'appelle tranquilité le bon ordre & la bonne disposition de l'ame. Retire-toi donc souvent dans une si délicieuse retraite.

Reprens-y de nouvelles forces, & tâche de t'y rendre toi-même un homme nouveau. Ayes-y toujours sous ta main certaines maximes courtes & principales, qui se presentant à toi suffiront à dissiper tous tes chagrins, & à te renvoyer en état de ne te fâcher d'aucune des choses que tu vas retrouver dans le Monde. Car de quoi te fâcherois-tu ? De la malice des hommes ? Si tu te souviens bien de cette verité, que les animaux raisonnables sont nez les uns pour les autres ; que c'est une partie de la justice que de les supporter, & que c'est toujours malgré eux qu'ils péchent ; si tu penses combien de gens qui ont eu des inimitiez capitales, des soupçons, des haines, des querelles, sont morts enfin, & réduits en cendre, tu cesseras de te tourmenter. Mais peut-être seras-tu fâché des choses qui arriveront selon l'ordre de la nature universelle. Remets-toi d'abord dans l'esprit ce dilême : ou c'est la Providence qui regle tout, ou c'est le hasard :

Du recueillement. CH. XXXIII. 255

On pense même aux argumens par lesquels on t'a prouvé que l'univers est comme une Ville. Mais les choses purement corporelles te toucheront. Tu n'as qu'à faire cette réflexion, que notre ame, quand elle s'est bien recueillie en elle-même, & qu'elle connoît bien son pouvoir, ne se mêle point du tout avec nos esprits tourmentez par la douleur, ou flattez par la volupté ; & tu n'as qu'à appeler à ton secours tout ce que tu as oüi dire de ces deux passions, & que tu as reçu pour vrai. Quoi donc ! sera-ce le désir de la gloire qui te déchirera ? Pense avec quelle rapidité toutes choses tombent dans l'oubli ; remets-toi devant les yeux le cahos & l'abîme infini du tems qui te suit & qui te précede, la vanité des acclamations & des applaudissemens, l'inconstance & le peu de jugement du peuple qui croit te loüer, la petitesse du lieu où se bornent toutes ces loüanges : Car toute la terre n'est qu'un point, & tout ce qui est habité n'en est qu'une très-petite partie. Combien se trouvera-t-il de gens dans ce petit coin de terre qui te loüeront? Et quelle espece de gens sera-ce? La seule chose que tu as donc à faire, c'est de te retirer dans cette petite partie de toi-même que je t'ai indiquée. Surtout ne te tourmente point; ne sois point opiniâtre; mais sois libre, & regarde toutes choses comme un homme mâle & fort, comme un Citoyen & un Mortel. Parmi les veritez & les maximes que tu dois avoir toujours devant les yeux, il ne faut pas oublier ces deux-ci : La premiere, que les choses ne touchent point d'elles-mêmes notre ame; elles demeurent dehors fort tranquiles, & le trouble qui nous saisit ne vient que du jugement que nous en faisons : L'autre, que tout ce que tu vois va changer dans un moment & ne sera plus; & pour t'en convaincre, tu n'as qu'à penser à tous les changemens que tu as vûs, & qui se sont faits en ta presence. En un mot, le Monde

n'est

Du recueillement. CH. XXXIII. 257
n'est que changement, & la vie qu'opinion. *Du Liv. iiij. n. iij.*

II. Le tems qui te reste à vivre est court. Vis comme sur une montagne: Car il n'importe ici ou là, si tu es dans le Monde comme dans une Ville. *Du Liv. x. n. xix.*

III. Sois persuadé que ce petit coin de terre est comme tous les autres: Qu'on y est aussi-bien, & qu'on y trouve les mêmes choses que sur le sommet d'une montagne, & que sur le rivage de la mer. Partout tu reconnoîtras la verité de ce que dit Platon, que le sage est enfermé dans les murs d'une Ville, comme dans l'enceinte d'un Parc de brebis sur une haute montagne. *Du Liv. x. n. xxviij.*

IV. Il arrive bien difficilement qu'on soit malheureux pour ne pas sçavoir ce qui se passe dans le cœur des autres : Mais il est impossible qu'on ne le soit, si l'on ignore ce qui se passe dans son propre cœur. *Du Liv. ij. n. viij.*

V. Il n'y a rien de plus miserable

Y

qu'un homme qui veut tout connoître & tout embraſſer, & qui non content de ſonder les abîmes de la terre, veut encore par ſes conjectures pénetrer dans l'eſprit des autres hommes, ſans ſe ſouvenir qu'il lui doit ſuffire de connoître cette divinité qu'il a au-dedans de lui, & de lui rendre le culte qui lui eſt dû. Le culte qu'elle demande conſiſte à la tenir libre de paſſion, à la garantir de la témérité, & à faire qu'elle ne ſoit jamais fâchée de ce que font les Dieux ou les hommes : Car ce que font les Dieux merite nos reſpects à cauſe de leur vertu; & ce que font les hommes merite notre amour à cauſe de la parenté qui eſt entre nous. Il arrive quelquefois auſſi qu'ils meritent en quelque maniere notre compaſſion à cauſe de l'ignorance où ils ſont des biens & des maux; car cette ignorance eſt un aveuglement auſſi pitoyable, que celui qui empêche de diſcerner le blanc & le noir. *Du Livre ij. n. xiij.*

Du recueillement. Ch. XXXIII. 259

VI. A quoi me sert à present mon ame ? Voilà ce qu'il faut se demander à toute heure & à tous momens. Fais aussi avec soin cette recherche : Qu'est-ce qui se passe presentement dans cette partie de toi-même qu'on appelle la partie principale ? Quelle ame ai-je presentement ? Est-ce l'ame d'un enfant, d'une femmelette, ou d'un tyran ? Est-ce l'ame d'un cheval, ou d'une bête féroce ? *Du Liv. v. n. xj.*

VII. Sois renfermé & bien ramassé en toi-même ; car notre ame est d'une nature qu'elle se suffit à elle-même en vivant justement, & c'est dans sa justice qu'elle trouve son repos & sa paix. *Du Liv. vij. n. xxx.*

VIII. Regarde bien au dedans de toi. Il y a une source qui jaillira toujours si tu creuses toujours. *Du Liv. vij. n. lxj.*

IX. Souviens-toi que la partie superieure de l'ame est invincible, quand elle est bien ramassée en elle-même, & qu'elle se contente de ne pas faire

Y ij

ce qu'elle ne veut pas, lors même qu'elle s'opiniâtre, & qu'elle resiste contre toute sorte de raison. Que sera-ce donc quand elle se portera à quelque chose après une mure délibération, & par un choix raisonnable & juste ? Voilà pourquoi un esprit libre & patient est une forteresse imprenable. L'homme n'a point d'azile plus sûr où il se puisse retirer pour ne plus craindre de surprise: Celui qui ne le connoît pas est ignorant, & celui qui le connoît & ne s'y retire pas est malheureux. *Du Liv. viij. n. lj.*

X. Qu'est presentement mon ame? Est-elle crainte, soupçon, désir, ou quelque chose de semblable? *Du Liv. xij. n. xx.*

XI. Quel usage fait presentement ton ame d'elle-même ? Car tout consiste en cela. Toutes les autres choses, soit qu'elles dépendent de toi ou non, ne sont que cendre & que fumée. *Du Liv. xij. n. xxxv.*

XII. La nature n'a pas si fort mêlé & confondu notre ame avec notre corps que nous ne puissions la séparer, nous renfermer en nous-mêmes, & faire toujours dépendre de nous ce qui nous est propre & constitue nos devoirs. *Du Liv. vij. n. lxix.*

CHAPITRE XXXIV.

Se détacher.

I. Pense, par exemple, aux tems de *Vespasien* ; tu y verras tout ce que tu vois aujourd'hui : Des gens qui se marient, qui ont des enfans, qui sont malades, qui meurent, qui font la guerre, qui célébrent des Fêtes, qui négocient, qui labourent la terre, qui flattent, qui sont arrogans, qui ont des soupçons, qui dressent des embuches, qui souhaitent la mort d'autrui, qui sont mécontens, qui amassent des trésors, qui briguent le Consulat, qui aspirent à la Royauté, &c. Que sont devenus tous ces gens-là? Ils ne sont plus. Descens ensuite aux tems de *Trajan* ; tu y verras encore la même chose ; les hommes de ce siécle-là sont morts aussi. Parcours de même les autres âges, & toutes les autres Nations, & voi combien de gens, après s'être bien tourmentez pour parvenir à ce qu'ils désiroient, sont morts incontinent, & sont retournez dans les Elemens d'où ils avoient été tirez. Surtout il faut repasser dans ta mémoire ceux que tu as connus toi-même, & que tu as vû s'attacher à des choses vaines, & négliger de faire ce qui étoit digne d'eux, & à quoi ils devoient s'attacher uniquement, & y trouver toute leur satisfaction. Il est aussi très-nécessaire de se souvenir que l'application & le tems que l'on doit donner à chaque action ont leurs bornes & leurs mesures selon la dignité des choses ausquelles on s'attache : Par ce moïen tu n'auras jamais le déplaisir d'avoir donné à des choses legeres & de peu de conséquence plus de tems qu'il ne falloit. *Du Liv. iiij. n. xxxiiij.*

II. Toutes les choses du Monde sont semblables & toujours les mêmes, communes & ordinaires dans leur usage, momentanées dans leur cours, & méprisables dans leur matiere. En un mot, tout ce qui subsiste presentement est comme ce qui étoit du tems de ceux que nous avons enterrez. *Du Liv. ix. n. xiiij.*

III. La matiere de chaque chose n'est que pourriture, de l'eau, de la poudre, des os, de l'ordure. Le marbre n'est qu'un calus de la terre; l'argent & l'or n'en sont que la lie. Les étoffes ne sont que les excrémens des animaux; la pourpre n'est que le sang d'un coquillage, & ainsi du reste. Ta vie même est quelque chose de pareil. Elle vient de-là, & elle y retourne. *Du Liv. ix. n. xxviij.*

IV. Qu'est-ce que le bain? De l'huile, de la sueur, de la crasse, de l'eau, des raclures. Il n'y a rien-là que de sale & de dégoutant. Il en est de même de toutes les parties de notre vie, & de tout ce que nous sentons

& que nous voyons. *Du Liv. viij. n. xxvj.*

V. Toutes choses sont si enveloppées & si cachées, que la plûpart des Philosophes, je dis même des plus habiles, ont assuré qu'on ne pouvoit les comprendre. Les Stoïciens se sont contentez de dire qu'on ne pouvoit les comprendre que très-difficilement. D'ailleurs toutes nos conceptions sont sujettes à erreur ; car où est celui qui peut se vanter d'être infaillible ? De plus, tout ce qui peut faire en ce Monde le sujet de nos recherches & de nos désirs, est vil & peu durable, & peut être au pouvoir d'un infâme débauché, d'une courtisane & d'un voleur. Il ne faut après cela que penser aux mœurs de ceux avec qui tu as à vivre, & dont on peut à peine supporter le plus honnête & le plus complaisant, pour ne pas dire qu'il n'y a presque personne qui puisse se supporter soi-même. Au milieu donc de tant de ténèbres, de tant d'ordures, & de ce torrent continuel
de

Se détacher. CH. XXXIV. 265
de la matiere, du tems & du mouvement, je ne vois pas ce qui peut mériter nos foins & notre eftime. Il faut au-contraire, en fe confolant foi-même, attendre la diffolution naturelle; mais il faut l'attendre fans impatience & fans chagrin, & trouver fon repos dans ces deux réflexions : L'une, qu'il ne m'arrive rien qui ne foit utile & conforme à la nature du Tout : Et l'autre, qu'il eft en mon pouvoir de ne rien faire contre mon génie & mon Dieu; car il n'y a perfonne qui me puiffe contraindre à violer fes ordres. *Du Liv. v. n. x.*

VI. Penfe fouvent à la rapidité avec laquelle toutes chofes font emportées & nous échapent, tant celles qui font déja, que celles qui fe produifent; car la nature eft comme un fleuve qui coule toujours; fes operations fouffrent de continuels changemens, & les caufes dont elle fe fert paffent par d'innombrables viciffitudes. Il n'y a prefque rien de permanent de tout ce qui eft près de toi;

Z

& le passé d'un côté, & l'avenir de l'autre, tout cela est un abîme infini & impénetrable où tout se perd. N'est-ce donc pas être fou que de s'enorgueillir, ou de s'affliger pour des choses périssables ? Se plaint-on d'une legere incommodité qui ne doit durer qu'un moment ? *Du Liv. v. n. xxiij.*

VII. Voici une excellente réflexion de *Platon*, qui dit, en parlant de l'homme : » Il faut regarder comme » d'un lieu élevé toutes les choses ter- » restres ; les troupeaux, les armées, » les campagnes, les noces, les di- » vorces, les naissances, les morts, » le tumulte qui se fait dans les Tribu- » naux, les déserts, les Nations bar- » bares, les Fêtes, les deüils, les as- » semblées, toute cette confusion, en » un mot, tout cet univers composé » & orné de qualitez contraires. *Du Liv. vij. n. l.*

VIII. Tous les corps sont entraînez par la matiere universelle, comme par un torrent ; car ils sont de même nature qu'elle, & travaillent avec elle, comme nos membres les uns avec les autres. Combien le tems a-t-il déja emporté de *Chryſippes?* Combien de *Socrates?* Combien d'*Epictetes?* Que cette penſée te vienne ſur toute ſorte d'affaires & de gens? *Du Liv. vij. n. xx.*

IX. Retourne ton corps comme l'on retourne un habit, & regarde ce qu'il eſt au dedans quand il vieillit, quand il eſt malade, & quand il eſt plongé dans la débauche. *Du Liv. viij. n. xxj.*

X. *Veux-tu ſçavoir ce que ſont les occupations des hommes?* Des querelles & des jeux d'enfans. *Et eux-mêmes que ſont-ils?* Des eſprits qui portent & promenent des cadavres; afin que l'on voye à l'œil, & qu'on touche à la main ce qu'*Homere* dit des morts qui ſe promenent dans les Enfers. *Du Liv. ix. n. xxiiij.*

XI. Penſe inceſſamment à l'éternité & à la matiere univerſelle; & ſouviens-toi que chaque choſe en particulier eſt à l'égard de la matiere

Z ij

un grain de sable, & à l'égard du tems un clin d'œil.

XII. Sur chaque objet qui t'environne, pense d'abord qu'il se dissout déja, qu'il change, qu'il se dissipe & qu'il se corrompt ; enfin que la vie n'est pas plus en lui que la mort. *Du Liv. ix. n. xxij. & xxiij.*

XIII. *Epictete* disoit fort bien : Quand tu caresses ton enfant, dis-lui en toi-même : Peut-être mourras-tu demain. Mais cela est de mauvais augure, lui dit quelqu'un ; sur quoi il répondit, que rien de tout ce qui marque une action naturelle, ne peut être de mauvais augure. Autrement ce seroit un mauvais augure de dire que des épis seront moissonnez. *Du Liv. xj. n. xxxiiij.*

XIV. Dieu voit les ames nuës sans s'arrêter aux vases materiels, à l'ordure, & à l'écorce qui les cache ; car par son seul esprit il touche & pénetre les choses qui découlant de lui se sont renfermées dans ces étroites prisons. Si tu t'accoutumois à suivre cet exemple, tu te délivrerois de beaucoup d'inquiétude & de soin : Car celui qui ne prend pas garde aux chairs qui l'environnent, comment s'amuseroit-il à prendre garde aux habits, au logement, à la gloire, & à tous les autres ornemens exterieurs qui ne sont que les embellissemens de la scene. *Du Liv. xij. n. ij.*

XV. Pense que dans peu tu ne seras plus, ni toi, ni rien de ce que tu vois, ni aucun de ceux qui sont presentement en vie. Toutes choses sont faites pour être changées & détruites, afin qu'il en naisse d'autres de leurs débris. *Du Liv. xij. n. xxij.*

XVI. Toutes choses sont dans un changement continuel. Toi-même tu ne fais que changer tous les jours, & ta vie n'est qu'une espece de corruption continuelle : Il en est de même du Monde entier. *Du Liv. ix. n. xix.*

XVII. Bientôt la terre nous couvrira tous, & se convertira en d'autres choses, qui se convertiront ensuite en d'autres jusqu'à l'infini. Tout homme qui considerera bien ce flux & reflux de changemens continuels, & cette rapidité avec laquelle toutes choses sont emportées, ne pourra s'empêcher de mépriser tout ce qui est terrestre & mortel. *Du Liv. ix. n. xxix.*

XVIII. Quand tu vois Satyrion, Sectateur de Socrate, represente-toi *Eutiches* ou *Hymenes* (a). Quand tu vois Euphrates, represente-toi *Eutychion* ou *Sylvain*. Quand tu regardes Alciphron, pense d'abord à *Tropeophore*. Quand tu vois Xenophon, imagine-toi *Criton* ou *Severe*. Et quand tu jettes les yeux sur toi-même, represente-toi quelqu'un des *Cesars*. Ainsi sur chacun, trouve dans les siécles passez quelqu'un qui lui ressemble, & fait ensuite cette réflexion: *Où sont tous ces gens-là? Ils ne sont plus.* De cette maniere tu t'accoutu-

_____

(a) Quand tu vois tel & tel Philosophe vivant, rappelle-toi le souvenir de tel & tel Philosophe des siécles passez, &c.

meras à voir que toutes les choses humaines ne sont qu'une fumée & qu'un rien. Surtout si tu te souviens en même-tems, que ce qui est une fois changé ne paroîtra plus dans toute la suite innombrable des siécles. Et toi, quel espace de tems y occupes-tu ? Mais quelque court que soit cet espace, n'est-ce pas assez de le passer honnêtement ? Quelle matiere, & quelle occasion veux-tu éviter de déployer ta force, & d'exercer ta vertu ? Car que sont tous les accidens, qu'un exercice de la raison qui connoît exactement la nature & la qualité des choses qui arrivent dans cette vie ? Demeure donc ferme jusqu'à ce que tu te les sois toutes rendües familieres; comme un bon estomac s'accommode de tout, s'approprie tout ; & comme un grand feu convertit en flame & en lumiere tout ce qu'on y jette. *Du Liv. x. n. xxxvj.*

XIX. Quand un homme est bien imbu & bien pénetré des veritables opinions, le moindre mot & le plus commun suffit pour lui faire rappeller sa constance & sa gayeté ; par exemple ce mot d'Homere :

*Quand le vent fait tomber les feüilles
    de nos bois,
Le Printems aussitôt en fait renaître
    d'autres :
Les mortels ici bas suivent les mêmes
    loix ;
Quand l'un meurt l'autre naît.*

Tes enfans aussi sont de veritables feüilles : vraies feüilles ces hommes qui crient si haut, & qui comme s'ils étoient seuls dignes d'être crus, loüent ou blâment les autres en public, ou les déchirent & s'en moquent en particulier : Feüilles encore ceux qui dans les siécles suivans recevront la mémoire de ton nom & la feront passer à leurs descendans. Enfin toutes choses sont autant de feüilles ; le Printems les produit, le vent les abbat, & la forêt en pousse d'autres à leur place ; & elles ont toutes cela de

Se détacher. CH. XXXIV. 273
commun qu'elles font de peu de durée. Mais toi tu les crains ou tu les défires, comme si elles devoient durer toujours. Encore un petit moment, & tes yeux feront fermez, & d'autres viendront bientôt pleurer ceux qui auront affifté à tes funerailles. *Du Liv. x. n. xxxix.*

XX. Dans un petit moment tu ne feras qu'une poignée de cendre, qu'un fquelette & qu'un nom, & non pas même un nom. Cependant qu'eſt-ce qu'un nom ? Un bruit, un fon. Et toutes les chofes, dont on fait le plus de cas en ce Monde, que font-elles, que pourriture & vanité ? Elles font comme les petits chiens qui careffent & qui mordent en même-tems, ou comme de petits enfans de mauvaife humeur qui pleurent pour rien, & qui un moment après rient de même. *La foi, la pudeur, la justice & la verité ont quitté la Terre pour aller habiter dans le Ciel,* comme dit un Poëte *.

―――――――――――――――――――

* Hefiode.

Qu'est-ce donc qui me retient ici ? Sont-ce les objets sensibles ? Mais ils sont muables & n'ont rien de constant. Sont-ce les sens ? Mais ils sont émoussez & prêts à recevoir des impressions fausses. Est-ce le principe de vie, cet Esprit qui t'anime ? Mais ce n'est qu'une exhalaison & qu'une vapeur de ton sang. Est-ce le plaisir d'être estimé parmi tes semblables ? Mais ce n'est qu'une vanité. Qu'attens-tu donc ? Tu attens en repos ou ton extinction ou ton changement. Et en attendant que cet heureux moment vienne, qu'as-tu à faire ? A honorer & à bénir les Dieux, & à faire du bien aux hommes. Tout ce qui est hors les limites de ton corps & de ton esprit ne t'appartient point & ne te regarde point. *Du Liv. v. n. xxxiiij.*

XXI. Voici venir le moment où tu oublieras toutes choses, & où toutes choses t'oublieront. *Du Liv. vj. n. xxij.*

XXII. Accoutume-toi à connoître & à examiner comment toutes choses se changent les unes dans les autres. Sois attentif à ces changemens, & t'exerce continuellement à cette sorte de méditation : Il n'y a rien qui rende l'ame si grande ; car celui qui sçait que dans un moment il sortira de la vie, & par conséquent quittera tout, il a déja dépoüillé son corps, & s'est remis tout entier pour ce qui regarde ses actions entre les mains de la souveraine justice, & entre celles de la raison universelle pour ce qui regarde les accidens qui lui peuvent arriver. Du reste il n'a pas la moindre attention à ce qu'on pourra dire, penser, ou faire contre lui. Content de ces deux avantages, d'agir avec justice dans ce qu'il fait, & d'embrasser avec joye ce qui lui arrive, il renonce à tous les autres soins & à toutes les autres occupations du Monde. Il ne demande qu'à marcher droit dans le chemin de la loi, & qu'à suivre Dieu dont les voyes sont droites, & tous les jugemens justes. *Du Liv. x. n. xiij.*

CHAPITRE XXXV.

Sur la mort.

I. LA mort comme la naissance est un mistere de la nature. L'une est le mélange & l'union, & l'autre, la dissolution & la séparation des mêmes principes. Il n'y a rien là de honteux; car il n'y a rien qui ne soit propre à la nature de l'animal raisonnable, & conforme à l'ordre de sa constitution. *Du Liv. iiij. n. v.*

II. Si le Monde n'est qu'un concours fortuit d'atômes, la mort n'est qu'une dissipation, un dérangement : Et s'il est composé d'une matiere simple & unie, elle est ou un changement ou une extinction. *Du Liv. vij. n. xxxiiij.*

III. Il est d'une nature intelligente de penser avec quelle vitesse tout s'évanoüit; que l'univers absorbe bientôt tous les corps, & que le tems en efface incontinent la mémoire ; quels sont tous les objets sensibles, & particulierement ceux qui nous attirent par la volupté, ou qui nous rebutent par la douleur, & ceux ausquels l'orgueïl des hommes a attaché un éclat si generalement vanté ; combien tous ces objets sont vils, méprisables, honteux, sujets à corruption & à la mort même. Elle doit penser encore qui sont ceux dont les opinions & les suffrages donnent la réputation & dispensent la gloire ; ce que c'est que la mort, & se souvenir que si l'on considere cette mort, en la séparant dans son imagination des fausses idées qu'on y attache, on trouvera que ce n'est autre chose qu'un ouvrage de la nature. Or de craindre un ouvrage de la nature, c'est être enfant ; & non-seulement c'est un ouvrage de la nature, mais un ouvrage même qui lui est utile. Surtout elle doit bien considerer de quelle maniere l'homme est uni à la Divinité ; par quel endroit il en fait partie, & ce que deviendra cette partie, quand elle aura quitté le corps. *Du Liv. ij. n. xij.*

IV. Tu as été formé comme une partie de cet univers, & tu retourneras dans les mêmes parties qui t'ont formé : Ou plutôt, après ce changement, tu seras reçu dans la raison universelle qui est le principe des choses. *Du Liv. iiij. n. xiiij.*

V. *Ce qui est de la terre retournera à la terre, & ce qui est du Ciel retournera au Ciel* (a) : Car la mort n'est qu'une dissolution des liens qui assemblent les atômes, & qu'une dispersion des principes exempts de toute altération ou corruption. *Du Liv. vij. n. lij.*

VI. Celui qui craint la mort, craint ou d'être privé de sentiment, ou d'avoir un autre sentiment. Si c'est le premier, tu ne sentiras donc point de mal ; & si c'est le dernier, tu seras un autre animal, & tu ne cesseras pas de vivre. *Du Liv. viij. n. lxij.*

(a) Vers d'Euripide dans son Chrysippe.

VII. Si les ames demeurent après la mort, comment l'air peut-il les contenir depuis tant de siécles? Mais je te répons, comment la terre peut-elle contenir tous les corps qui y sont enterrez? Comme les corps, après avoir été quelque tems dans le sein de la terre, se changent & se dissolvent pour faire place à d'autres, de même les ames qui se sont retirées dans l'air, après y avoir été un certain terme, se changent, s'écoulent, s'enflament, & sont reçuës dans la raison universelle; & de cette maniere elles font place à celles qui leur succedent. Voilà ce qu'on peut répondre, en supposant que les ames subsistent après la mort. D'ailleurs on peut rendre cela sensible, non-seulement par l'exemple des corps qu'on enterre, comme je viens de dire, mais encore par la quantité prodigieuse d'animaux qui sont mangez tous les jours par les autres animaux & par nous-mêmes : Car considere la quantité qui s'en consume, & qui est comme enterrée dans les entrailles de ceux qui s'en nourrissent; cependant un même lieu suffit pour les recevoir, parce qu'il les convertit en sang, & en leurs parties aëriennes & ignées. *Du Liv. iiij. n. xxij.*

VIII. Il faut que tu ayes souvent dans l'esprit ce mot d'*Heraclyte:* Que la mort de la terre est de devenir eau; que la mort de l'eau c'est d'être changée en air; & que la mort de l'air c'est d'être converti en feu, & ainsi du contraire. *Du Liv. iiij. n. xlviij.*

IX. Toutes les parties de cet univers qui sont renfermées dans les espaces du Monde, doivent nécessairement périr; c'est-à-dire, s'alterer & se changer. Si c'est un mal pour elles, & un mal inévitable, la condition de cet univers est donc bien malheureuse que toutes ses parties soient destinées à périr & à changer en mille façons. La nature a-t-elle donc voulu procurer ce mal à toutes ses parties, & faire qu'elles ne fussent pas seulement sujettes au mal, mais ce qui est bien pis, qu'elles ne pussent jamais l'éviter?

l'éviter? Ou les a-t-elle faites ainsi par mégarde & sans le sçavoir? L'un & l'autre sont également incroyables. Que si, laissant-là la nature, on s'avise de dire que toutes ses parties sont nées pour une telle fin, n'est-ce pas une chose bien ridicule, que dans le même-tems qu'on soutient que les parties de l'univers sont nées pour le changement, on ne laisse pas d'en être surpris & de s'en fâcher, comme si cela étoit contraire à la nature; surtout chaque chose retournant par sa dissolution dans les mêmes principes d'où elle a tiré son être: Car sa dissolution n'est, ou qu'une dissipation des élemens qui l'ont composée, ou qu'un changement par lequel, ce que notre corps a de solide se change en terre, & ce qu'il a de spiritueux se change en air; de sorte que tout retourne sous les ordres & en la disposition de cet univers, soit qu'il doive périr par un embrasement general après une certaine révolution de siécles; ou qu'il ne fasse jamais que se renouveller par des changemens continuels. Quand je te parle de ce que tu as de solide & de spiritueux, ne t'imagine pas que ce soit ce que tu as eu à ta naissance : L'un & l'autre ne sont que d'hier ou d'avant hier par le moyen des alimens que tu as pris, & de l'air que tu as respiré ; c'est ce que tu reçois de jour en jour qui se change, & non pas ce que ta mere t'a donné ; & quand on supposeroit même que ce que tu as reçu de ta mere, & qui t'a fait ce que tu es, est mêlé & confondu avec ce que tu as tiré de la nourriture & de la respiration, cela ne détruiroit pas ce que je viens de dire, qui demeure constamment vrai. *Du Liv. x. n. vij.*

X. Tout ce qui est materiel disparoît très-promptement & rentre dans la substance du Monde ; & ce qui est spirituel retourne avec la même vitesse sous la dépendance de la raison universelle qui en dispose ; & la mémoire de toutes choses est bientôt confonduë & engloutie par le tems. *Du Liv. vij. n. xj.*

XI. Je suis un composé de matiere & de forme. Comme ni l'une ni l'autre n'ont été tirées du néant, elles ne seront jamais anéanties. Ainsi toutes ces parties seront converties par ce changement en une partie de l'univers, & ensuite en une autre jusqu'à l'infini. C'est un pareil changement qui m'a produit, moi & mes ancêtres en remontant jusqu'à l'infini : Car rien n'empêche qu'on ne puisse parler de cette maniere, quoique le Monde ait ses révolutions déterminées & ses periodes fixes. *Du Liv. v. n. xiiij.*

XII. Il y a plusieurs grains d'encens sur un même Autel ; l'un tombe plutôt dans le feu, l'autre plus tard ; mais c'est toujours la même chose. *Du Liv. iiij. n. xv.*

XIII. Si quelque Dieu te disoit : Tu mourras demain, ou après demain tout au plûtard ; à moins que tu ne fusses le plus lâche de tous les hommes, tu ne ferois pas grand cas de ce délai, & tu ne ferois pas plus aise que ce fût après demain que demain même; car quel seroit ce délai ? Fais donc de même presentement, & ne compte pas pour grande chose de vivre un grand nombre d'années, plutôt que de mourir demain. *Du Liv. iiij. n. liij.*

XIV. Un secours bien vulgaire, mais cependant très-utile pour faire mépriser la mort, c'est de repasser dans sa mémoire tous ceux qui ont été les plus attachez à la vie, & qui en ont le plus joüi. Quel si grand avantage ont-ils donc sur ceux qui ont été emportez par une mort prématurée ? *Cecidianus*, *Fabius*, *Julien*, *Lepidus*, & tant d'autres, après avoir assisté à une infinité de funerailles, ont eux-mêmes été portez sur le bucher. En un mot, l'espace qu'il y a de plus est peu de chose : Et encore dans quelles miseres, avec quelles gens, & dans quel corps le faut-il passer? Ne te fais donc pas une si grande affaire de la vie ; mais regarde à l'immensité du tems qui te précede & de celui qui te suit. Dans cet abîme sans fond, quelle difference mets-tu entre celui qui a vécu trois jours, & celui qui a vécu trois siécles. *Du Liv. iiij. n. lvj.*

XV. Voir ce Monde cent années, ou ne le voir que trois, cela est égal. *Du Liv. ix. n. xl.*

XVI. Celui qui voit ce qui se passe presentement a tout vû, & ce qui a été depuis l'éternité, & ce qui sera jusqu'à l'infini; car toutes choses sont semblables & par leur nature & par leur forme. *Du Liv. vj. n. xxxvij.*

XVII. Comme dans les théatres & dans toute sorte de spectacles, il arrive que les mêmes choses representées plusieurs fois te fatiguent & te dégoûtent; de même tu devrois avoir toujours du dégoût, & t'ennuyer pendant tout le cours de ta vie; car toutes choses, & en haut & en bas, sont toujours les mêmes, & viennent des mêmes principes. Jusques à quand donc? *Du Liv. vj. n. xlvj.*

XVIII. En réflechissant sur les choses passées & sur tant de divers changemens de regne, on peut facilement connoître l'avenir ; car ce qui sera, ressemblera à ce qui a été, & il n'est pas en son pouvoir de s'éloigner des regles de ce qui est presentement: D'où il resulte qu'il est égal à l'homme de joüir de la vûë de ce Monde pendant quarante ans, ou pendant dix mille ; car que verra-t-il davantage ? *Du Liv. vij. n. lj.*

XIX. Tout ce que tu vois périra très-promptement. Ceux qui le verront périr, périront bientôt eux-mêmes ; & celui qui est mort dans une extrême vieillesse, sera bientôt égal à celui qui est mort fort jeune. *Du Liv. ix. n. xxxv.*

XX. Celui qui ne trouve d'autre bien que ce qui est de saison, à qui il est égal d'avoir eu le tems de faire peu ou beaucoup d'actions raisonnables, & qui ne met aucune différence entre joüir fort long-tems de la vûë de ce Monde, & n'en joüir que peu d'années, celui-là, dis-je, ne craint point la mort. *Du Liv. xij. n. xxxvij.*

XXI. Mon ami, tu as vêcu dans

cette grande Ville : Qu'importe que tu n'y ayes vêcu que cinq ans? Ce qui est selon les loix est égal pour tout le Monde. Quel grand mal est-ce donc pour toi d'être envoyé hors de cette Ville, non pas par un tyran, ni par un Magistrat injuste, mais par la nature même qui t'en a fait Citoyen ? C'est comme si le Préteur renvoyoit de la scene un Comédien qu'il auroit loüé. Mais je n'ai pas encore achevé les cinq actes; je n'en ay representé que trois. C'est bien dit : Tu en as representé trois; or dans la vie trois actes font une piece complette, & celui-la seul lui marque ses veritables bornes qui l'ayant composée, juge presentement à propos de la finir. Tu n'es cause ni de l'un ni de l'autre, ni de son commencement, ni de sa fin. Tu n'es qu'Acteur ; retire-toi donc avec des sentimens doux & paisibles, comme le Dieu qui te donne congé est propice & doux. *Du Liv. xij. n. dernier.*

XXII. Hypocrate, après avoir

guéri plusieurs maladies, est mort lui-même de maladie. Ceux qui ont fait profession de prédire la mort aux autres, ont enfin subi leur destinée. *Alexandre*, *Pompée*, *Cesar*, après avoir détruit de fond en comble tant de Villes, & défait tant de milliers d'hommes dans les combats, sont enfin morts à leur tour. *Heraclyte* ayant si long-tems discouru sur l'embrasement qui devoit consumer le Monde, à fini par les eaux qui ont rempli ses entrailles, & il est mort tout couvert de fumier. *Democrite* est mort tout mangé de poux, & c'est une autre espece de vermine qui a fait mourir *Socrate*. A quoi aboutissent tous ces discours ? Tu t'es embarqué ; tu as fait ta course ; tu es abordé où tu devois aller ; sors du vaisseau. Si tu en sors pour arriver à une autre vie, tu y trouveras des Dieux ; & si tu es privé de tout sentiment, tu cesseras d'être sous le joug des douleurs & des voluptez, & de servir à un vase si fort au-dessous de ce que tu es ; car ici sans contredit

la

la partie qui sert est plus excellente, puisque c'est l'esprit, cette divinité qui est au-dedans de toi ; au lieu que l'autre n'est que du sang & de la poussiere. *Du Liv. iij. n. iij.*

XXIII. De tous ceux qui sont venus avec moi au Monde, combien en est-il déja sorti ! *Du Liv. vj. n. lvj.*

XXIV. *La vie des hommes est comme la moisson d'un champ : Pendant qu'on moissonne les épis qui sont meurs, les autres meurissent. Du Liv. vij. n. xlij.*

XXV. Pense souvent combien de Medecins sont morts après avoir fait tant les vains pour avoir guéri quelques malades ; combien d'Astrologues qui, comme si c'étoit une chose bien merveilleuse, ont prédit la mort d'une infinité de gens ; combien de Philosophes qui ont tant écrit & disputé sur la mort & sur l'immortalité ; combien de vaillans hommes qui en ont tué tant d'autres ; combien de tyrans qui, comme s'ils eussent été immortels, ont abusé avec une insolence

& une fierté insupportables du pouvoir qu'ils avoient sur la vie des peuples qui leur étoient soumis. Enfin combien de Villes entieres sont mortes, s'il m'est permis de me servir de ce terme, *Helice*, *Pompeji*, *Herculanum*, & une infinité d'autres. Passe de-là aux hommes que tu as vûs & connus successivement: Après avoir enterré leurs amis, ils ont été enterrez eux-mêmes: Ceux qui ont enterré ces derniers, ont reçu par d'autres mains le même office, & tout cela en peu de tems. En un mot, il faut avoir toujours devant les yeux les choses humaines, pour voir combien elles sont méprisables & passageres. Ce qui naquit hier n'est aujourd'hui qu'une momie, ou qu'un peu de cendre. Voilà pourquoi il faut vivre conformément à la nature le peu de tems qui nous reste; & quand l'heure de la retraite sonne, se retirer paisiblement & avec douceur, comme une olive meure qui en tombant bénit la terre qui l'a portée, & rend grace à l'arbre qui l'a produite. *Du Liv. iiij. n. liiij.*

XXVI. *Lucilla* a vû mourir *Verus* & l'a suivi : *Secunda* a vû mourir *Maxime* & est morte après : *Epitunchanus* n'a pas survêcu long-tems à *Diotime*: *Antonin* a suivi sa *Faustine* : *Celer* a été bientôt rejoindre *Adrien* : Il en est de même de tout. Où sont presentement ces esprits subtils ? Tant de grands Astrologues ? Tant d'hommes pleins de vanité ? Ces beaux génies, comme *Hierax*, *Demetrius le Platonicien*, & *Eudemon* ? Ils n'ont vêcu qu'un jour, & sont morts depuis plusieurs siécles. La mémoire des uns ne leur a survêcu que peu de tems, & les noms de la plûpart des autres ne se sont conservez, que dans des fables qui sont déja surannées. Que tout cela te fasse souvenir que cet assemblage de ton corps doit aussi être dissipé, & que ton esprit sera ou transporté ailleurs ou éteint. *Du Liv. viij. n. xxvij.*

XXVII. La Cour d'*Auguste*, sa femme, sa fille, ses neveux, les fils de sa femme, sa sœur, son gendre *Agrippa*, ses parens, ses amis, *Areus*, *Mecenas*, ses Medecins, ses Prêtres, tout est mort. Passe de-là à d'autres, & pense, non pas à la mort d'un homme, mais à celle des familles entieres, comme de tous les *Pompées*, sur le tombeau de l'un desquels on a mis: *C'est le dernier de sa race.* Quels soins ne se sont pas donnez, & quelles peines n'ont pas prises leurs devanciers pour laisser un successeur ? Mais il faut enfin que quelqu'un soit le dernier. Pense après cela à la mort des Nations entieres. *Du Liv. viij. n. xxxiij.*

XXVIII. Une des plus fortes raisons pour faire mépriser la mort, c'est que ceux-mêmes qui ont établi le souverain bien dans la volupté, & le souverain mal dans la douleur, l'ont pourtant méprisée. *Du Liv. xij. n. xxxvj.*

XXIX. Que souhaites-tu ? D'être ? De sentir ? D'avoir du mouvement ? De croître ? De ne croître plus ? De parler? De penser? Qu'y a-t-il là qui te paroisse digne de tes désirs? Si donc toutes ces fonctions séparées sont si méprisables, va tout d'un coup à ce dernier retranchement, qui est de suivre la raison & Dieu. Mais souviens-toi que c'est blesser le respect qu'on leur doit, & ne pas les suivre, que d'être fâché que la mort vienne nous priver de toutes choses. *Du Liv. xij. n. xxxiij.*

XXX. Considere séparément tout ce que tu fais, & sur chaque chose fais-toi cette demande: La mort est-elle donc si cruelle, parce qu'elle me privera de ceci? *Du Liv. x. n. xxxiiij.*

XXXI. Quand tu aurois à vivre trois mille ans, & trente mille encore pardessus, souviens-toi que l'on ne doit perdre d'autre vie que celle que l'on a, & qu'on n'a que celle qu'on doit perdre. Il n'y a donc point de différence entre la plus longue & la plus courte vie: Car le tems present est égal pour tout le Monde, quoique celui qui est passé ne le soit pas. Or le tems qu'on perd, en perdant la vie, n'eſt qu'un moment; car perſonne ne peut perdre ni le paſſé ni l'avenir; en effet, comment ſeroit-il poſſible d'ôter à quelqu'un ce qu'il n'a pas ? Il faut donc ſe ſouvenir de ces deux points : L'un, que de toute éternité toutes choſes ſont ſemblables; qu'elles font toujours un cercle, & qu'il n'y a point de différence entre voir les mêmes choſes pendant vingt ou trente ans, & les voir pendant un tems infini : Et l'autre, que celui qui vit le plus longtems, & celui qui meurt fort jeune, font tous deux la même perte; car ils ne perdent que le tems preſent qui eſt le ſeul dont ils joüiſſent; perſonne, comme je l'ai déja dit, ne pouvant jamais perdre ce qu'il n'a pas. *Du Liv. ij. n. xiiij.*

XXXII. La mort eſt la fin du combat que nos ſens ſe livrent ; c'eſt le repos de tous les mouvemens contraires, & cauſez par les paſſions qui nous remuent, comme les reſſorts remuent les Marionettes ; c'eſt la ceſfation du travail d'esprit, & du soin qu'on a du corps. *Du Liv. vj. n. xxviij.*

XXXIII. Il est en quelque maniere en ton pouvoir de revivre & de ramener le tems passé. Tu n'as qu'à penser à toutes les choses que tu as déja vûës; car c'est-là proprement revivre. *Du Liv. vij. n. iij.*

XXXIV. Le tems est un fleuve & un torrent impétueux. Dès qu'une chose paroît on la perd aussitôt de vûë, & celle qui prend sa place est entraînée avec la même rapidité. *Du Liv. iiij. n. xlv.*

XXXV. Toutes les parties de cet univers changeront bientôt : Car, ou elles s'exhaleront en vapeurs, s'il est vrai que leur matiere soit une & simple; ou elles seront dissipées. *Du Liv. vj. n. iiij.*

XXXVI. Une chose se hâte d'être, une autre de n'être plus; & une grande partie de celle qui est, est déja passée. Ces changemens continuels renouvellent incessamment le Monde;

comme la rapidité du tems qui ne s'arrête jamais, renouvelle à tout moment les siécles. Dans ce courant continuel, qui est-ce qui voudroit s'attacher à des choses si passageres, & sur lesquelles on ne peut jamais s'arrêter? C'est, comme si quelqu'un mettoit son affection à un de ces petits oiseaux qui volent en l'air, & que nous avons perdu de vûë presqu'aussitôt que nous les avons apperçus. C'est-là l'image de notre vie qui n'est qu'une vapeur du sang, & une respiration de l'air. Attirer l'air une seule fois & le rendre (ce que nous faisons à tous momens) voilà justement ce que c'est que mourir : c'est-à-dire, remettre l'entiere faculté de respirer, entre les mains de celui de qui nous la reçumes hier ou avant hier. *Du Liv. vj. n. xv.*

XXXVII. Quelqu'un peut-il craindre le changement? Sans lui, que se feroit-il dans le Monde? Est-il rien de plus agréable & de plus familier à la nature de l'univers? Toi-même pourrois-tu te baigner, s'il ne se faisoit un changement dans le bois? Et te nourrir, s'il ne s'en faisoit dans les viandes? En un mot, rien de tout ce qui est utile & nécessaire, se feroit-il sans le changement? Tu vois donc bien qu'il en est de même du changement qui se fera en toi : Il sera comme les autres; & aussi nécessaire à la nature de ce Tout. *Du Liv. vij. n. xix.*

XXXVIII. La nature de l'univers se sert de toute la matiere universelle, comme d'une cire molle : Elle en fait un cheval, & un moment après elle la mêle, & la repaîtrit pour en faire un arbre, après cela un homme, & ensuite autre chose; & tous ses ouvrages ne sont faits que pour durer peu de tems : Mais comme un coffre ne souffre point quand on l'assemble, il ne souffre pas non plus quand on le défait. *Du Liv. vij. n. xxiiij.*

XXXIX. Ce qui meurt ne sort point du Monde, & s'il y demeure, c'est donc une marque qu'il s'y change, & qu'il s'y dissout dans ses propres principes. Ces principes du Monde font aussi les tiens; & ils se changent, mais sans murmurer. *Du Liv. viij. n. xviij.*

XL. La nature qui gouverne tout changera bientôt ce que tu vois, & de la même matiere produira d'autres choses, dont ensuite elle en fera d'autres, & de celles-ci encore d'autres, afin que le Monde soit toujours nouveau. *Du Liv. vij. n. xxvij.*

XLI. Es-tu fâché de ne peser que tant de livres, & de n'en pas peser trois cens? Ne sois donc pas fâché non plus de ne vivre que tant d'années, & de n'en pouvoir vivre davantage; car tu ne dois pas être moins satisfait du tems qui t'est assigné, que de la quantité de matiere qui t'a été donnée. *Du Liv. vj. n. xlix.*

XLII. *Ceci est pris de Platon.* » Pensez-vous que celui qui a l'ame grande & noble; qui se represente l'éternité, & qui a le Monde entier devant les yeux; pensez-vous, dis-je, » qu'il regarde la vie comme une chose fort considerable ? Non sans doute : Et la mort lui paroîtra-t-elle un grand mal ? Point du tout. « *Du Liv. vij. n. xxxvij.*

XLIII. Il n'y a nul mal pour les choses qui sont dans le changement, comme il n'y a non plus aucun bien pour celles qui en naissent. *Du Liv. iiij. n. xliiij.*

XLIV. La nature, en disposant chaque chose, n'a pas eu moins d'égard à sa fin qu'à son commencement & à sa durée. Comme un bon Joueur de paume, quand il pousse sa balle, quel bien ou quel mal arrive-t-il à cette balle quand elle est bien poussée, ou quand elle tombe & qu'elle va dessous ? Ces bouteilles qui se forment sur l'eau, quel bien ou quel mal sentent-elles, quand elles subsistent ou qu'elles disparoissent ? Quel bien ou quel mal sent une lampe, quand elle brûle ou qu'elle s'éteint ? *Du Liv. viij. n. xx.*

XLV. Ce n'est pas un mal pour une pierre qu'on a jettée, d'être portée en bas, ni un bien non plus d'aller en haut. *Du Liv. ix. n. xvij.*

XLVI. La perte de la vie n'est qu'un échange. C'est à cela que se plaît la nature universelle qui fait tout si bien & si sagement. Cela a été toujours, & sera de même jusqu'à l'infini. Qui es-tu donc toi qui dis que tout a été mal dès le commencement & ira toujours mal de même? Quoi parmi tant de Dieux, dont tu crois que le Monde est rempli, il ne s'en est pas trouvé un seul qui ait eu la force de cotriger ce desordre? Et le Monde est donc condamné à être éternellement malheureux? *Du Liv. ix. n. xxxvij.*

XLVII. Toute action qui cesse & finit en son tems, ne souffre aucun mal de ce qu'elle cesse; & celui qui la fait n'en souffre aucun non plus de cette cessation: Il en est de même du tissu de toutes nos actions, que nous appellons la vie. S'il finit en son tems, il ne reçoit aucun mal de cette fin; & celui qui termine quand il faut cet enchaînement d'actions n'est point malheureux. Or c'est la nature qui mesure le tems, & qui assigne à chacun son terme. Quelquefois c'est la nature particuliere qui arrive à ceux qui meurent de vieillesse ; mais en general c'est la nature universelle qui gouverne tout, & qui changeant & remuant à son gré toutes ses parties, fait que le Monde subsiste toujours frais & toujours jeune. Or ce qui est utile à l'univers est toujours de saison & toujours beau. La cessation de la vie n'est point un mal, puisqu'elle n'est point honteuse ; car elle ne dépend pas de nous, & n'est point contraire aux loix de la societé ; & elle est un bien, puisqu'elle est commode & convenable à l'univers qu'elle renouvelle. *Du Liv. xij, n. xxiiij.*

XLVIII. Toute cessation d'action, de mouvement & d'opinion, est une espece de mort, & ne fait pourtant aucun mal. Les differens âges, c'est-à-dire, les changemens qui arrivent dans l'enfance, dans la jeunesse, dans l'adolescence, & dans la vieillesse, sont encore une mort. Qu'y a-t-il-là de si terrible ? Considere après cela, la vie que tu as passée sous ton ayeul, ensuite sous ta mere, & enfin sous ton pere; & en pensant à toutes les differentes cessations & changemens que tu as éprouvez dans tous ces états, demande-toi à toi-même, si c'est un si grand mal. Par une conséquence évidente & juste, tu trouveras de même que le changement & la cessation de la vie entiere n'en sçauroient être un non plus. *Du Liv. ix. n. xxj.*

XLIX. Un raisin verd, un raisin meur, un raisin sec, ce ne sont que des changemens; non pas d'une chose qui est, en une qui n'est point; mais d'une chose qui est, en une qui n'est pas presentement. *Du Liv. xj. n. xxxv.*

L. Celui qui s'afflige & qui se plaint de quelque chose que ce soit, est très-semblable à un pourceau qu'on égorge, & qui regimbe & fait de grands cris. C'est la même chose de celui qui seul dans son lit se lamente pour les chaînes dont nous sommes liez & garrotez. Souviens-toi qu'il est donné à l'animal raisonnable de suivre volontairement sa destinée ; & que la suivre seulement, c'est une nécessité imposée à tous les animaux. *Du Liv. x. n. xxxiij.*

LI. Dans le Monde il n'y a personne de si heureux qui, à sa mort, n'ait autour de lui des gens qui se rejouissent du mal qui lui arrive. Si c'est un honnête homme & un homme sage, il se trouvera toujours quelqu'un qui dira : *Enfin, nous pourrons respirer ; nous voilà délivrez de ce Pedagogue ; il est vrai qu'il n'étoit fâcheux, ni incommode à personne; mais j'ai remarqué très-souvent qu'il nous condamnoit en secret.* Voilà ce qu'on dira de cet honnête homme. Mais pour nous, combien d'autres choses avons nous, qui font désirer à une infinité de gens d'en être défaits ? Si en mourant, tu as ces pensées, tu mourras plus volontiers; car tu feras ce raisonnement : *Je quitte une vie, où ceux qui en jouissent avec moi, & pour lesquels j'ai souffert tant de peines, fait tant de vœux, & passé par tant d'inquiétudes, sont les mêmes qui veulent que je meure, esperant que ma mort leur procurera peut-être quelque soulagement. Pourquoi donc voudrois-je faire ici un plus long séjour ?* Que ces réflexions ne t'obligent pourtant pas à en sortir mal avec eux ; mais au-contraire, en suivant ta bonne coutume, témoigne-leur toujours tous les sentimens d'amitié, de douceur, & de bienveillance. D'un autre côté aussi, ne les quitte pas malgré toi, & comme en étant arraché : Mais, comme dans ceux qui meurent heureusement, l'ame se détache doucement & volontairement du corps, il faut que tu te détaches d'eux de la même maniere. Car la nature t'a attaché & lié avec eux : Elle t'en délie presentement. Je m'en détache donc, non pas par force, ni avec violence, mais par mon bon gré; car c'est une des choses qui se font selon la nature. *Du Liv. x. n. xlj.*

LII. Combien est heureuse l'ame qui est toujours prête à se séparer du corps ; soit qu'après cette séparation elle soit éteinte ou dissipée, ou qu'elle subsiste encore ! Mais il faut que cette bonne résolution vienne de son propre jugement, & non pas d'une opiniâtreté obstinée, comme celle des Chrétiens (*a*). Il faut qu'elle se porte à cette action, avec raison, avec gravité, & sans aucun faste, pour persuader aux autres de l'imiter. *Du Liv. xj. n. iij.*

LIII. Ne méprise point la mort. Contente-toi de la recevoir de bon cœur, comme une des choses que la nature a ordonnée : Car il n'est pas moins naturel de mourir & d'être dissous, que d'être jeune ou vieux ; de croître ; d'entrer dans la fleur de son

---

(*a*) Marc-Aurele ne connoissoit pas les Chrétiens.

âge; d'avoir des dents, de la barbe & des cheveux; & que de fournir à toutes les autres operations de la nature, selon les differentes saisons de la vie. Il est donc du devoir d'un homme sage & prudent, de ne faire point le téméraire, d'être moderé, & de ne témoigner aucun mépris quand il s'agit de la mort; mais de l'attendre comme une des fonctions de la nature. En un mot, attens le moment où ton ame sortira de sa prison, comme tu attens celui où l'enfant, dont ta femme est grosse, sortira du ventre de sa mere: Et si tu as besoin d'un secours plus vulgaire, mais qui peut pourtant donner du courage & faire une forte impression, rien ne te rendra plus tranquile sur la mort, que de bien considerer les objets qui t'environnent; par exemple, quels hommes tu vas quitter; dans quelle étrange société ton ame ne sera plus engagée ni confonduë. Ce n'est pas qu'il faille choquer ni offenser les autres; au-contraire il faut les supporter & en avoir soin; mais il est bon de se souvenir qu'on ne quitte pas des hommes qui ayent les mêmes sentimens que nous; car ce seroit la seule chose qui pourroit nous faire balancer, & nous retenir dans ce Monde, si nous pouvions vivre avec des gens qui pensassent comme nous, & qui eussent les mêmes goûts & les mêmes opinions. Mais au lieu de tout cela, tu vois tout ce qu'on a à souffrir de la contrarieté qu'on trouve dans le commerce des hommes. Elle est si grande, qu'on est souvent obligé de dire: Oh mort! viens promptement à mon secours, de peur que je ne m'oublie, & que je ne sois enfin different de moi même. *Du Liv. ix. n. iij.*

LIV. Ce Monde est ou un assemblage confus de parties qui tendent toutes à se desunir & à se séparer, ou une union, un ordre & une providence. Si c'est le premier, d'où vient que je désire de demeurer plus long-tems dans une si grande confusion, & au milieu d'un si grand amas d'ordures ? Qu'y a-t-il que je doive plus souhaiter, que d'être bientôt réduit en poussiere de quelque maniere que ce soit ? Mais pourquoi me troubler ? Cette dissipation ne viendra-t-elle pas aussi enfin jusqu'à moi, quoi que je fasse ? Et si c'est le dernier, j'adore l'Auteur de mon être ; je l'attens de pied ferme, & je mets toute ma confiance en lui. *Du Liv. vj. n. v.*

CHAPITRE XXXVI.

RECAPITULATION
des principales Maximes.

I. Voici neuf articles qu'il est bon que tu médites inceſſamment.

Le premier : Que tu es lié naturellement avec les hommes, & que nous ſommes faits les uns pour les autres. D'un autre côté, que tu es né pour les conduire, comme un belier & un taureau ſont nez pour être à la tête de leurs troupeaux. Et en remontant plus haut, que ſi le haſard & les atômes ne ſont pas les maîtres du Monde, c'eſt donc la nature qui gouverne tout ; & cela étant, les choſes les moins parfaites ſont créées pour les plus parfaites, & celles-ci les unes pour les autres.

Le ſecond : Quels ſont ces hommes à table, dans leur cabinet & ailleurs? Et surtout quelle dure nécessité leur imposent leurs opinions, & avec quel faste ils se portent aux actions les plus condamnables!

Le troisiéme: Que s'ils ont raison de faire ce qu'ils font, il ne faut pas s'en fâcher; & s'ils ne l'ont pas, ils péchent donc malgré eux, & par ignorance. Car comme l'ame n'est jamais privée de la verité que malgré elle, c'est toujours malgré elle qu'elle ne rend point à chacun ce qui lui est dû. Voilà pourquoi ils ne peuvent souffrir qu'on dise d'eux qu'ils sont injustes, ingrats, avares; ou, pour tout renfermer en un mot, qu'ils ne font pas leur devoir envers leur prochain.

Le quatriéme: Que tu tombes souvent dans les mêmes fautes; que tu es semblable à ces gens-là, & que si tu t'empêches de commettre certains péchez, ton inclination ne laisse pas d'y être portée, & que tu ne t'en abstiens que par crainte ou par vanité, ou par quelqu'autre raison aussi vicieuse.

Le cinquiéme : Que tu ne sçais pas même certainement s'ils ont mal fait, car il y a beaucoup de choses qui se font à dessein pour une utilité cachée, & il faut sçavoir bien des circonstances avant que de prononcer sur les actions d'autrui.

Le sixiéme : C'est que tu as beau te chagriner & te tourmenter : La vie de l'homme ne dure qu'un moment, & dans peu nous ne serons plus.

Le septiéme : Que ce ne sont pas les actions des autres qui nous troublent, car elles ne subsistent que dans l'ame de ceux qui les font : Ce sont nos propres opinions. Chasse-les donc ; cesse de juger qu'une telle chose est mauvaise, & toute ta colere s'évanoüira. Mais comment en venir à bout ? En te persuadant qu'il n'y a rien de honteux, en ce qui t'arrive de la part des autres : Car si ce n'étoit pas une verité constante, qu'il n'y a d'autre mal que le vice qui est en toi, où ce que tu fais de honteux, tu ne pourrois t'empêcher de commettre toi-même beaucoup de maux. Tu serois un brigand & pis encore.

Le huitiéme : Que la colere & le chagrin nous font beaucoup plus de mal que les choses mêmes dont nous nous plaignons, & qui les font naître.

Le neuviéme : Que la bonté est invincible quand elle est sincere, sans hypocrisie & sans masque : Car que pourra faire l'homme le plus violent & le plus emporté, si tu as de la bonté pour lui jusqu'au bout ; si, quand l'occasion s'en presente, tu l'avertis bonnement, & que tu tâches de le corriger avec douceur dans le même tems qu'il s'efforce de te faire le plus de mal ; si tu lui dis : *Non, mon fils, ne fais point cela ; nous sommes nez pour tout autre chose ; tu ne me fais aucun mal, mais tu t'en fais à toi-même ;* & si tu lui remontres adroitement & en general, que ni les abeilles ni aucun des autres animaux qui paissent ensemble, ne font rien de semblable. Ne mêle à tes avis ni la raillerie,

raillerie, ni les reproches. Qu'il ne paroisse qu'une affection sincere sans aucun chagrin ; & ne lui parle point comme un Docteur dans sa Chaire, ni pour attirer l'admiration de ceux qui t'écoutent. Tire-le en particulier, quelque foule qui l'environne.

Aye toujours ces neuf articles devant les yeux, comme autant de précieux dons des Muses; & commence enfin à être homme pendant que tu vis. Mais il faut que tu évites avec autant de soin de flater ton prochain que de te fâcher contre lui. Ces deux vices ruinent également la societé, & sont également pernicieux. Quand tu seras en colere, souviens-toi donc qu'il n'y a rien de viril dans cette passion, & que comme la bonté & la douceur sont des vertus plus humaines, elles sont aussi plus mâles ; que la force & le courage sont entierement du côté de celui qui est bon, & ne se trouvent jamais dans celui qui est colere & chagrin; car plus la bonté approche de l'insensibilité &

de l'indolence, plus elle approche de la veritable force. La colere n'eſt pas moins la marque d'un eſprit foible que la triſteſſe. Dans l'une & dans l'autre on eſt également bleſſé & mis hors de combat.

Voici encore, ſi tu veux, une *dixiéme maxime*, qui ſera comme le preſent du Dieu même qui preſide aux Muſes. Il y a de la folie à prétendre que les méchans ne faſſent point de mal; c'eſt déſirer l'impoſſible. Mais de leur permettre d'en faire aux autres, & de ne vouloir pas ſouffrir qu'ils t'en faſſent, c'eſt une tyrannie déclarée, & une horrible cruauté. *Du Liv. xj. n. xix.*

II. Voici trois regles qu'il faut avoir toujours preſentes. *La premiere*; pour ce qui regarde tes actions, de ne rien faire témerairement, & d'une autre maniere que la juſtice même ne l'auroit fait; & pour ce qui eſt des accidens qui t'arrivent du dehors, d'être perſuadé qu'ils viennent du haſard & de la Providence, & qu'il ne faut jamais ni accuser la Providence, ni se plaindre du hasard. *La seconde ;* de considerer ce que chaque chose étoit avant qu'elle eût reçu l'ame avec la vie, & ce qu'elle est depuis qu'elle l'a reçuë jusqu'à ce qu'elle la rende ; de quelles parties elle est composée, & en quelles parties elle se dissout. *La troisiéme enfin*, c'est de penser que si tu t'étois une fois élevé au-dessus des nuës, & que tu eusses contemplé de-là les hommes & toutes les choses humaines, leur confusion & leur desordre, & vû cette multitude innombrable d'habitans qui demeurent dans l'air & dans la region étherée, toutes les fois que tu t'eleverois à la même hauteur, tu les verrois toujours de même : Car leur seule qualité permanente, c'est d'être toujours semblables, & toujours de peu de durée. Où est donc-là ce grand sujet de vanité? *Du Liv. xij. n. xxvj.*

F I N.

De l'Imprimerie de PAULUS-DU-MESNIL. 1742.

APPROBATION.

J'AI lû par ordre de Monseigneur le Chancelier un manuscrit intitulé : *Réflexions de l'Empereur MARC-AURELE ANTONIN surnommé le Philosophe, distribuées par ordre de matieres, avec quelques remarques qui servent à l'éclaircissement du Texte*; il m'a paru que cette traduction qui a déja été imprimée plusieurs fois, pourroit faire plaisir & être plus utile dans le nouvel ordre où on l'a mise. A Paris le 25 de Janvier 1742. VATRY.

PRIVILEGE DU ROI.

LOUIS, par la grace de Dieu, Roi de France & de Navarre : A nos amez & féaux Conseillers, les Gens tenans nos Cours de Parlement, Maîtres des Requêtes ordinaires de notre Hôtel, Grand-Conseil, Prevôt de Paris, Baillifs, Senéchaux, leurs

Lieutenans Civils, & autres nos Justiciers qu'il appartiendra, SALUT. Notre bien-amé JACQUES DE NULLY, Libraire à Paris, Nous a fait exposer qu'il désireroit faire imprimer & donner au Public les ouvrages intitulez: *Soliloques ou Réflexions morales de l'Empereur* MARC-AURELE, s'il Nous plaisoit lui accorder nos Lettres de permission pour ce nécessaires; lui avons permis & permettons par ces Presentes de faire imprimer lesdits ouvrages en un ou plusieurs volumes, & autant de fois que bon lui semblera, & les vendre, faire vendre ou débiter partout notre Royaume pendant le tems de trois années consécutives, à compter du jour de la datte desdites Presentes. Faisons défenses à tous Libraires-Imprimeurs & autres personnes de quelque qualité & condition qu'elles soient, d'en introduire d'impression étrangere dans aucun lieu de notre obéissance, à la charge que ces Presentes seront enregistrées tout-au-long sur le Registre de la

Communauté des Libraires & Imprimeurs de Paris dans trois mois de la datte d'icelles, que l'impression desd. ouvrages sera faite dans notre Royaume & non ailleurs en bon papier & beaux caracteres, conformément à la feüille imprimée attachée pour modele sous le contre-scel desdites Presentes, que l'Impetrant se conformera en tout aux Reglemens de la Librairie, & notamment à celui du 10 Avril 1725, qu'avant de les exposer en vente, le manuscrit ou imprimé qui aura servi de copie à l'impression dudit ouvrage sera remis dans le même état où l'approbation y aura été donnée ès mains de notre très-cher & féal Chevalier le sieur Daguesseau, Chancellier de France, Commandeur de nos Ordres, & qu'il en sera ensuite remis deux exemplaires dans notre Bibliotheque publique, un dans celle de notre Château du Louvre, & un dans celle de notre très-cher & féal Chevalier le sieur Daguesseau, Chancelier de France, le tout à peine de nullité des Présentes. Du contenu desquelles vous mandons & enjoignons faire jouir ledit Exposant ou ses ayans cause pleinement & paisiblement, sans souffrir qu'il leur soit fait aucun trouble, ou empêchement. Voulons qu'à la copie desdites Présentes, qui sera imprimé tout-au-long au commencement ou à la fin desdits ouvrages, foi soit ajoutée comme à l'original. Commandons au premier notre Huissier ou Sergent de faire pour l'exécution d'icelles tous actes requis & nécessaires sans demander autre permission, & nonobstant clameur de Haro, charte Normande, & Lettres à ce contraires. CAR tel est notre plaisir, DONNE' à Paris le trente-uniéme jour du mois de Mars mil sept cent quarante-deux, & de notre Regne le vingt-septiéme. Par le Roi en son Conseil, SAINSON.

Regiſtré ſur le Regiſtre X. de la Chambre Royale des Libraires & Imprimeurs de Paris, N. 612, fol. 593.

conformément aux anciens Reglemens confirmez par celui du 28 Février 1723. A Paris le 5 Avril 1742.

Signé, SAUGRAIN, Syndic.

www.ingramcontent.com/pod-product-compliance
Lightning Source LLC
Chambersburg PA
CBHW060325170426
43202CB00014B/2677